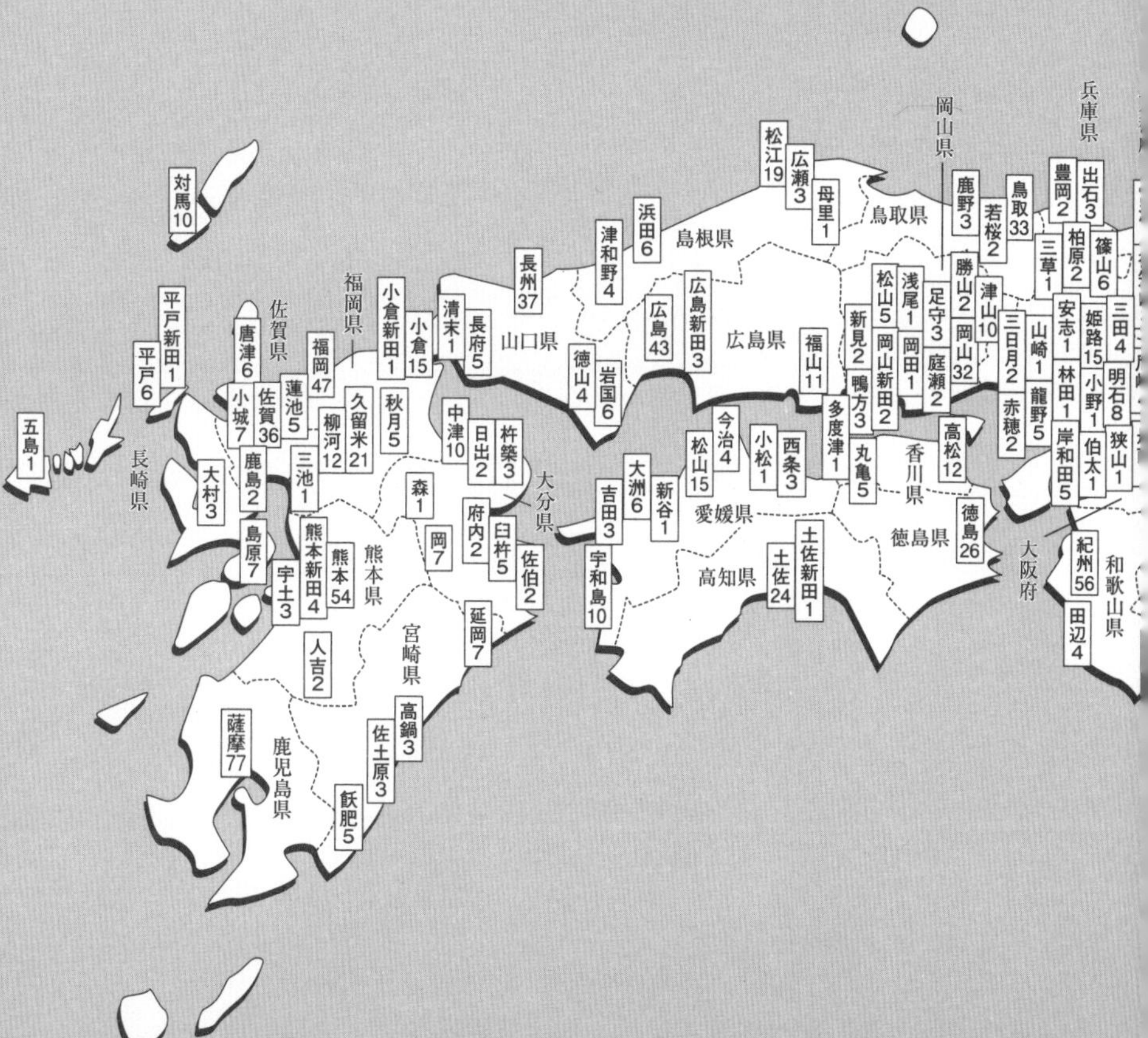
兵庫県
岡山県
松江19
広瀬3
母里1
鳥取県
鹿野3
若桜2
鳥取33
豊岡2
出石3
対馬10
浜田6
島根県
津和野4
長州37
三草1
柏原2
篠山6
福岡県
小倉新田1
小倉15
清末1
長府5
山口県
広島43
広島新田3
広島県
松山5
浅尾1
足守3
勝山2
岡山32
津山10
山崎1
安志1
姫路15
三田4
平戸新田1
平戸6
佐賀県
唐津6
福岡47
徳山4
岩国6
福山11
新見2
岡山新田2
岡田1
庭瀬2
三日月2
林田1
小野1
明石8
五島1
長崎県
小城7
佐賀36
蓮池5
久留米21
柳河12
秋月5
中津10
日出2
杵築3
今治4
小松1
西条3
多度津1
鴨方3
香川県
丸亀5
高松12
赤穂2
龍野5
岸和田5
伯太1
狭山1
大村3
鹿島2
三池1
森1
大分県
大洲6
吉田3
新谷1
松山15
愛媛県
徳島県
徳島26
大阪府
紀州56
和歌山県
島原7
宇土3
熊本新田4
熊本54
熊本県
岡7
府内2
臼杵5
佐伯2
宇和島10
高知県
土佐24
土佐新田1
田辺4
人吉2
宮崎県
延岡7
薩摩77
鹿児島県
高鍋3
佐土原3
飫肥5

シリーズ藩物語

秋月藩

林洋海……著

現代書館

プロローグ

秋月藩物語

秋月は藩政時代の面影を残す城下町として人気をよんでいる。館前《やかたまえ》の杉《すぎの》馬場は、桜並木が満開となる春には花見客であふれる。

三方を深い森でおおわれ、自然が豊かな秋月は、また、夏もいい。秋月の夏は仏法僧のときの声と野鳥川《のとりがわ》のホタルの乱舞で開ける。古処の頂を積乱雲が逆巻く夏も、ひんやりとした風が城下を駆けぬけ、緑陰が濃い路地では風鈴の音が優しい。

山麓の秋は古処の頂から足早に訪れ、城下は秋の色に染まる。やがて盆地には早い冬がきて、秋月はひとときの静謐《せいひつ》を迎える。

季節が変わるように、この小さな城下町も、ときの色に染められ、人々が異なる色に分かれて争ってきたこともあった。

秋月は八百年前に原田氏が鎌倉幕府より秋月庄を賜り、地名の秋月を名乗って開いた九州で最も古い城下町である。

しかし、藩体制になったのは新しい。

徳川政権で筑前一国を領した黒田長政の遺言で、三男長興《ながおき》が秋月五万石を分知され、秋月藩となった。

藩という公国

江戸時代、日本には千に近い独立公国があった

江戸時代。徳川将軍家の下に、全国に三百諸侯《しょこう》★の大名家があった。ほかに寺領や社領、知行所《ちぎょうしょ》★をもつ旗本領《はたもとりょう》などを加えると数え切れないほどの独立公国があった。そのうち諸侯を何々家《け》家中《かちゅう》と称していた。家中は主君を中心に家臣が忠誠を誓い、強い連帯感で結びついていた。家臣の下には足軽《あしがる》層《そう》★がおり、全体の軍事力の維持と領民の統制をしていたのである。その家中を藩と後世の史家は呼んだ。

江戸時代に何々藩と公称することはまれで、明治以降の使用が多い。それは近代からみた江戸時代の大名の領域や支配機構を総称する歴史用語として使われた。その独立公国たる藩にはそれぞれ個性的な藩風《はんぷう》と自立した政治・経済・文化があった。幕藩体制とは歴史学者伊東多三郎《いとうたさぶろう》★氏の視点だが、まさに将軍家の諸侯の統制と各藩の地方分権が巧く組み合わされていた、連邦でもない奇妙な封建的国家体制であった。

今日に生き続ける藩意識

明治維新から百四十年以上経っているのに、今

かように秋月の城下町の歴史は藩体制より長いのである。

秋月は七百年もの間、一帯を武家が支配してきた武士の里だった。辺境にありながら、豊前と豊後、筑前と豊後・肥後を結ぶ要所にあり、守りに堅く、攻められ難い要害でもあり、それが秋月氏や黒田氏の牙城ともなってきたのである。ところが七百年後、その武士の里を決定的な事件が崩壊させるに至った。明治維新である。

しかし、辺境にあった秋月武士は維新運動を知らず、その結果起きた幕府の崩壊と新しい政府の廃藩置県が理解できなかった。

それは畿内でおきた豊臣政権を理解できずに崩壊した秋月氏を思わせるものだったが、辺境ゆえの無知だったのかはわからなかった。

明治九年（一八七六）、彼らは武士の恢復を求めて反乱したが、ただ一度の戦闘で壊滅し、秋月城下さえ崩壊させることになった。

しかし、秋月の地は秋月氏が日向へ流されると、次に黒田直之がキリシタンの聖地として再建し、直之の死で城下が衰退すると、黒田長興の秋月藩で再興した。このように秋月は、ふしぎな生命力で何度も再興してきた歴史と由来があり、いままた新しい息ぶきが訪れ、人々を癒す「歴史のふる里」として脚光を浴びている。

でも日本人に藩意識があるのはなぜだろうか。明治四年（一八七一）七月、明治新政府は廃藩置県《はいはんちけん》を★断行した。県を置いて、支配機構を変革し、今までの藩意識を改めようとしたのである。ところが、今でも、「あの人は薩摩藩の出身だ」とか、「我らは会津藩の出身だ」と言う。それは侍出身だけでなく、藩領出身も指しており、藩意識が県民意識をうわまわっているところさえある。むしろ、今でも藩対抗の意識が地方の歴史文化を動かしている。そう考えると、江戸時代に育まれた藩民意識が現代人にどのような影響を与え続けているのかを考える必要があるだろう。それは地方に住む人々の運命共同体としての藩の理性が今でも生きている証拠ではないかと思う。

藩の理性は、藩風とか、藩是《はんぜ》とか、ひいては藩主の家風ともいうべき家訓などで表されていた。

〔稲川明雄（本シリーズ『長岡藩』筆者）〕

諸侯▼江戸時代の大名。

知行所▼江戸時代の旗本が知行として与えられた土地。

足軽層▼足軽・中間・小者など。

伊東多三郎▼近世藩政史研究家。東京大学史料編纂所所長を務めた。

廃藩置県▼藩体制を解体する明治政府の政治改革。廃藩により全国は三府三〇二県となった。同年末には統廃合により三府七二県となった。

シリーズ藩物語

秋月藩

目次

これも秋月

秋月藩領図

平成28年(2016年)現在

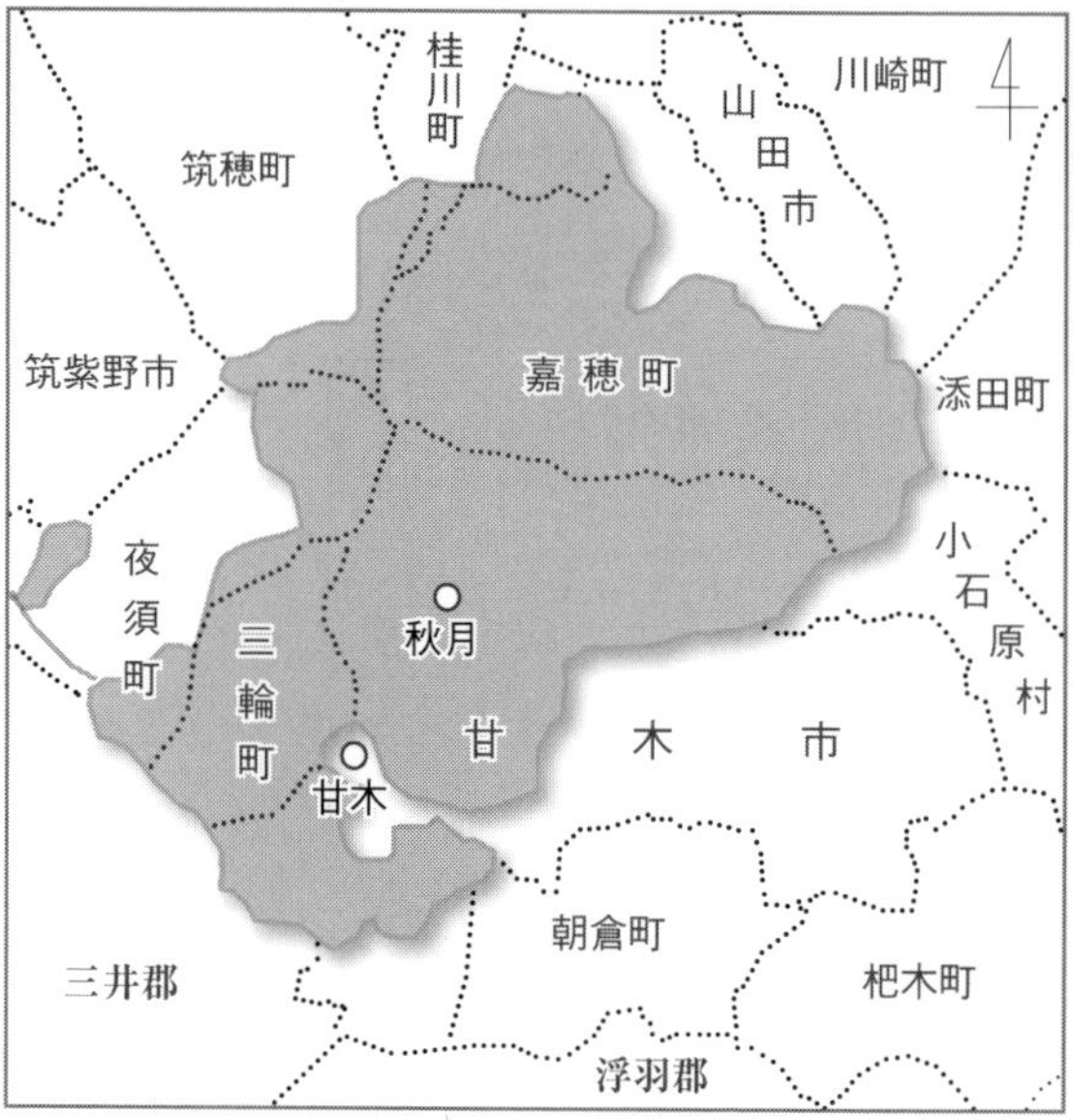

平成16年(2004)市町村合併前

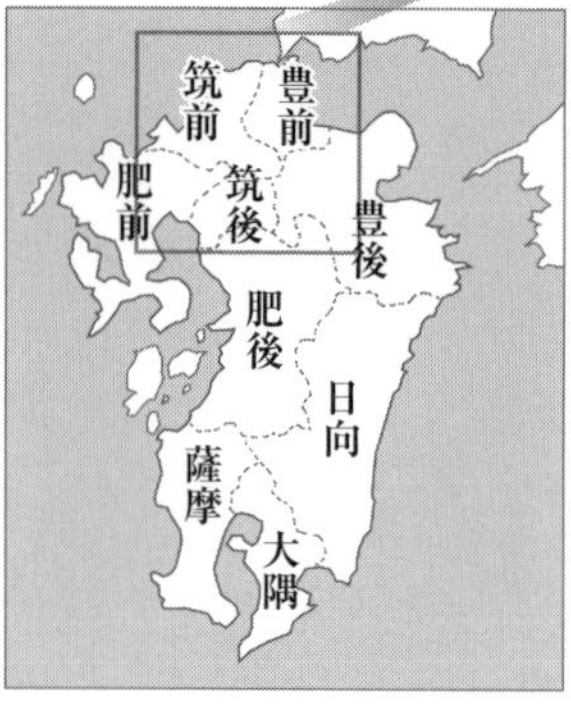

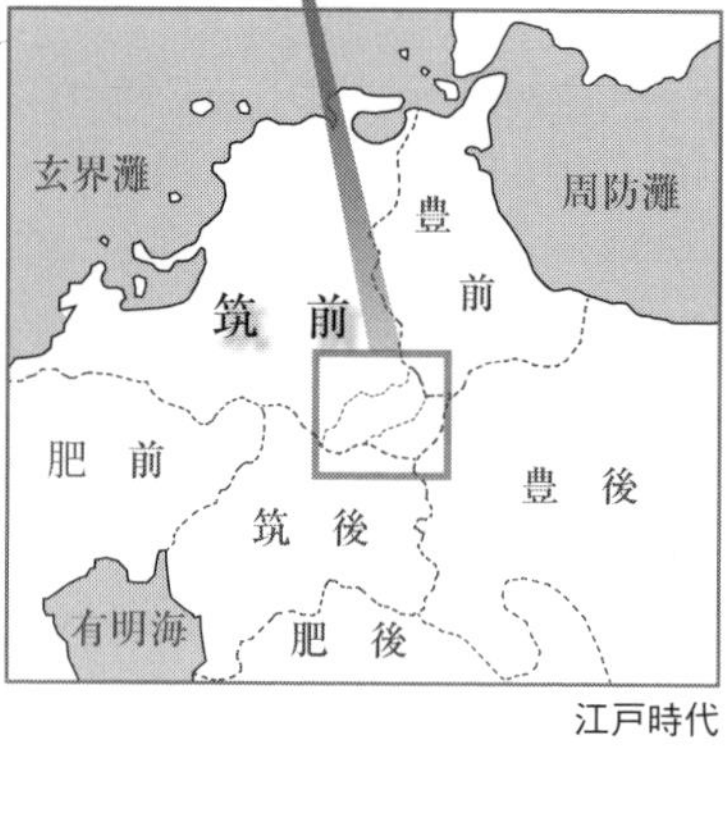

江戸時代

第一章 秋月藩前史

四百年の歴史を誇る秋月氏が秀吉の国割によって日向へ流される。

秋月空撮・朝倉市提

① 秋月氏の盛衰

九州の大名で一番古い歴史を誇る秋月氏は戦乱の世を生き抜き
筑前一の大名に上り詰め、四百年の栄華を誇ってきた。
しかし、天下統一を目指す強大な豊臣秀吉の力を見誤った。

秋月家の興り

筑前の国、甘木・朝倉地方で歴史に早くから登場する御家人は秋月氏である。秋月氏の本姓は大蔵氏といい、祖の大蔵春美が天慶《てんぎょう》二年（九三九）、藤原純友《すみとも》の乱のさい、追捕使《ついぶし》となって大宰府入りして府官となった。

大蔵氏の子孫はそれぞれの領地の原田、波多江、田尻、三原を名乗ってきた。その嫡流《ちゃくりゅう》が原田種直で、平氏の太宰権少弐《ごんのしょうに》となり、「相催九州軍士二千騎」といわれ、大宰府・博多津・肥前・筑後・早良《さわら》郡に三七〇〇町歩の所領と二千余騎の兵を擁する一大勢力となった。しかし、源平合戦で平氏が敗れ、平氏側だった種直は鎌倉に幽閉されたのち、十三年後に許されて胎土《いと》郡原田庄（糸島市）を与えられ逼塞《ひっそく》した。

源平合戦図
（和歌山県立博物館蔵）

弟の原田種雄は筑紫郡原田城主だったが、壇ノ浦の合戦で兵士が敗れ、兄の種直が源氏方に捕らえられたのちは潜伏して再興のときをうかがっていた。

『吾妻鑑』第一六巻には、正治二年（一二〇〇）一月二十一日、幕府を追われた梶原景時が朝廷から九州総督に任命されたとして上洛し、武田兵衛尉《ひょうえのじょう》有義《ありよし》を将軍に奉じて反乱をたくらんだが、これを知った種雄が早馬を仕立てて注進したため、景時の乱は未然に押さえられ、種雄は恩賞として夜須《やす》郡秋月庄を将軍源頼家より賜ったとある。秋月は祖の大蔵春美が藤原純友追討の祈願をした八幡大神《おおかみ》の地であった。種雄は神から導かれた縁を感じ、意気揚々と秋月に乗り込み、その昔、神功《じんぐう》皇后が熊襲《くまそ》征伐のさい、滞陣した地でもある八幡大神の地、宮園の森に居城を定め、これから秋月種雄と名乗った。

大蔵氏系図

大蔵春美―種光―種材―光弘―種弘
- 種弘の子：種輔、種房
- 種輔の子：種宗、種平
- 種平の子：種直（原田）、種雄（秋月）

新しい城は杉本城と名づけた。

城といっても、この頃は、現在残っているような三層五層に及ぶ本丸を擁する

原田種直の墓

源頼家
（建仁寺蔵）

豪壮な城郭ではない。敵からわが身、一族郎党を守る砦といったもので、別に岩山など自然の要害を利用した山城を構えた。

居城は御館《おやかた》と呼ばれ、普段は館に住み、いざというときは古処山城に籠《こも》った。

古処山城は霊峰古処山頂にあった。古処山は標高八五九・五メートルの峻険な山だが、山頂付近には馬攻め場といわれる平坦な地や幅三メートルほどの洞窟がいくつもあり、現在でも大将隠しや奥の院という呼称が残っている。

また、水舟と呼ばれた湧水があり、一夜千人を潤すといわれた豊富な水量で長期の籠城《ろうじょう》も容易だった。『九州軍記』には「この古処山の城は、岩壁高くそびえて、雲幌《うんこう》四方に囲み、九折《つづらおり》細道、一條登ること十余町、しかも岩角滑らかにして谷深し、これにわかに攻め落とすべき城にあらず」とあり、その堅固な要塞ぶりを称えている。ふもとには大手門が築かれ、のちに参府道となった八丁越えの大休《おおやすみ》の近くに搦手《からめて》門（黒門）があった。城は元和元年（一六一五）の一国一城令により破壊されたが、黒門は黒田長興の秋月入封のさい、御館の表御門となって、秋月氏の唯一の遺構として現存している。古処山城は天然の要害に防備を備えた比類なき城として秋月氏四百年の栄華を築いた難攻不落の城だった。

弘安四年（一二八一）七月、元軍が再来襲した「弘安の役」には三代種家が兵二七〇〇人余を率い迎え撃ち、武功を挙げたとある。

応仁元年（一四六七）、室町幕府八代将軍足利義政の後継をめぐって応仁の乱が

秋月城下

勃発した。お家騒動は義政に子がなく、細川勝元を後見人として、弟義視《よしみ》を後継としていたが、その後、正室日野富子に子が授かり、富子がわが子義尚《よしなお》を後継にしようと画策し、山名宗全に持ちかけたことから始まった。

この頃、秋月十二代種照は中国の覇者大内氏の支配下にあった。大内氏は周防・長門・筑前・豊前を支配する西国一の大名で、「九州三人衆」といわれた筑前の少弐、豊後の大友、薩摩の島津を合わせても大内氏には対抗できなかった。

その大内氏は義政の妻日野富子と組んで世子義尚を擁立した山名方に与《くみ》した。そのため大内氏の支配下にあった秋月氏をはじめ、筑前筑後の原田・高橋・三原・波多江らの国人は山名方に与して上洛した。しかし、大内氏を宿敵とする筑前の少弐教頼《のりより》は細川勝元に与した。こうして足利将軍後継争いは室町幕府を揺るがし、全国の守護大名や国人を巻き込んで「応仁の乱」に突入した。それどころか戦乱のなかで勃興した戦国大名もからんで、将軍継嗣の争いが覇権の争いとなり、百年にわたる戦国時代に突入していったのである。

文明九年（一四七七）、秋月種照は応仁の乱の終焉とともに、十年ぶりに秋月に戻った。種照は筑前が大内氏によって平定されると、戦国騒乱の中でもあり、本拠の杉本城や古処山城を修復し、新たな砦を築いて防備を固めた。また、杉本城近くの荒平山《あらひらやま》に城を築き、家族や一族・重臣をおいた。荒平山からは城下が一望に見渡せ、また、尾根伝いに古処山城に至り、いざというときの備えも万全にし

秋月種時の墓

黒門（古処山城搦手門）

た。一方、種照らが筑前を留守にしている間に、少弐資元《すけもと》がアジア貿易の拠点博多を大内氏から奪っていた。これを知った大内政弘は種照ら筑前の国人とともに少弐氏を攻め、博多を奪還した。こうして大内氏の筑前進出が進むにつれ、蒙古合戦以降、胎土郡や博多で対外交易を行っていた豊後の大友氏の権益が侵されるようになると両者は一触即発となった。筑後川をはさんで大友氏が筑後側に出城《でじろ》を築き、大内氏は筑前側の甘木（朝倉市甘木大内町）に出城を築いた。

両軍は天文元年（一五三二）頃から小競り合いを繰り返すようになり、二年十二月には秋月に大友軍が攻め入っている。

天文七年二月、将軍足利義晴の勧告により、大内義隆が大友義鑑《よしあき》と和睦した。★この仲裁を十五代秋月種方（文種）がしたとある（『甘木市史』）。

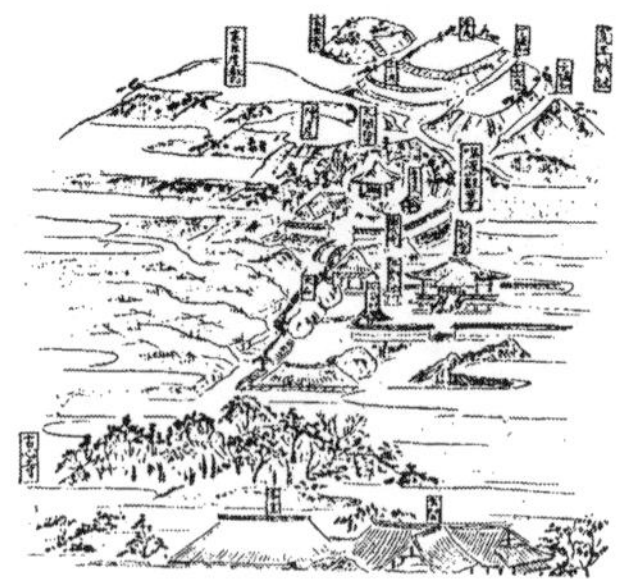
荒平城（『筑前国続風土記』）

▼大内氏と大友氏は天文四年に足利将軍の調停で和睦したともある（『柳川の歴史』）。

大内氏の没落と毛利元就の台頭

大内氏は七代義隆の時代になったが、義隆は奢侈《しゃし》を好み、戦国の世にありながら、のちに西の京都といわれたような京都を模した城下づくりや文化・文物に傾倒し、領国経営がおろそかになっていた。

天文二十年（一五五一）、義隆を見限った重臣陶晴賢《すえはるかた》がクーデターをおこし、四百年の栄華を誇った大内氏が潰えた。しかし、晴賢の世は続かなかった。

陶氏は大友義鑑の二男晴英（義長）を大内氏の当主に立てたので、大友の影響は中国にも及んだ。弘治元年（一五五五）十月、防長が大友の影響下になったことを嫌う毛利元就が厳島合戦で陶氏を討ち、新たな中国の盟主となった。

元就は防長を統一すると、大内時代支配下にあった豊前・筑後を手に入れるために北九州への進出を開始した。それまで大内氏の財力の源泉であった貿易港の商都博多を入手するためだった。

そこで元就は大内氏に従属していた筑前の秋月・筑紫氏ら国人に働きかけた。「味方に力を合わせ候はば、大友義鑑を討って後、勧賞として豊前筑前を両人に進じおき候べし」（『陰徳太平記』）。

弘治三年七月、豊後から筑前に触手を伸ばしてきた大友氏に反発していた秋月・筑紫氏はこの誘いに乗って毛利氏の傘下になった。

大友氏にとって秋月種方の勢力圏は対外交易を行う博多津への途上にあり、種方の離反は、すなわち博多での対外交易の拠点を危うくすることになる。

大友義鑑は宿老戸次鑑連《べつきあきつら》に秋月討伐を命じ、大友軍が二万の大軍で秋月へ押し寄せた。迎え撃つ秋月方は二〇〇〇、多勢に無勢だが難攻不落といわれた古処山城に籠城した。ところが思わぬ重臣の寝返りもあり総崩れ、種方は自刃、嫡男晴種は戦死し、秋月家の統治は終わった。

『秋月家譜』には「わが兵敗績し、種方後門より逃れる。小野九郎衛門、追従

厳島合戦図
（宮島歴史民俗資料館蔵）

大内義隆像
（大寧寺蔵）

してこれを弑《しい》す。初め九郎の弟を和泉という。大友の臣たり。和泉、九郎にくらわすに利を以てす。内応を為す。種方察せず、終にこの禍におよぶ」とあり、信頼していた家臣に裏切られ、殺され落城したのである。

種方は最期にあたって僧高韵《こういん》を呼び寄せ、二男種実と三男種冬（元種）、四男種信の三人の息子の行く末を託した。また、家臣の大橋豊後守に守られ、周防の毛利氏を頼って逃れたともある。

種方を裏切った九郎衛門は、種方を追撃してその首を取り、大友の陣に捧げ恩賞を得ようとしたが、あまりのことに内応を勧めた和泉から討たれる羽目になった。僧高韵は三人の兄弟を連れ、密かに城を抜け、周防の毛利を頼って落ち延びた。兄弟を迎えた毛利家当主元就は内田壱岐に預け養育させた。

しかし、鎌倉時代より続いた秋月家三百五十年の秋月治政は十五代にして終焉し、このの ち豊筑は大友の支配下になった。

秋月種実、三十六万石の大名となる

永禄二年（一五五九）六月、大友は本領の豊後にくわえ、豊前、筑前、筑後、肥前、肥後の六国、日向や四国の一部を手にし、守護職を得て西日本一の大名となった。一方、陶を討ち中国を手中に収めた毛利元就は北九州の動向をうかがい、

毛利元就像
（豊栄神社蔵）

手元に亡命していた筑紫惟門《これかど》、広門親子を博多に向かわせ、大友の富の源泉である博多の街を焼き払わせた。次いで秋月種実の御家復興を後押しした。

永禄二年（四年の説あり）、十五歳になった秋月種実が周防を発したとの報を受けた秋月の旧臣隈江城主深江伯耆守は秋月氏の旧臣を集めて馬見の城（嘉麻市）を落として、毛利の援兵二〇〇〇を率いた種実を迎え、秋月を回復した。

秋月氏系図

初代**秋月種雄―種幸―種家―種頼―種資―種貞―種高―種顕―種道―種忠―種氏―種照―種朝―種時―種方―種実―種長**（高鍋藩初代）

永禄八年、毛利の調略で豊前の長野筑後守種信が大友方を離反した。大友義鑑の跡を継いだ義鎮《よししげ》（宗麟）は、ただちに種信の岩石《がんじゃく》城を攻めた。九年十一月、大友方の宝満城督の高橋鑑種《あきたね》が大友に反旗を翻した。これには義鎮が高橋の兄の一万田親実の妻を奪い、親実を殺害したことに怒って反乱したとも、「豊築独立」のために反乱したとも諸説がある。これに長野種信を支援する兄の秋月種実が同調した（『萩藩閥閲録』）。

事態を重く見た義鎮は宿老の戸次鑑連、吉弘鑑理《あきまさ》、臼杵鑑速《あきすみ》に攻撃を命じた。十年七月、戸次は二万の軍勢で、まず宝満城の手前にある秋月に兵を進めた。

秋月展望

八月十四日、大友軍の猛攻が始まった。戦闘は夜明け前に始まり日没まで七度の槍合わせをするほど両軍死力を尽くして戦った。しかし、二日目になると戦争巧者の戸次が指揮する大友軍に次第に圧され、種実は杉本城を放棄して、難攻不落といわれた古処山城に退いて防備を固めた。

この頃戦場に毛利の援軍来襲のうわさが飛んだ。中国の太守毛利勢来襲に怯えた中国の対岸にあたる大友方の豊前の諸将は国を守るために急ぎ戦場を引き払っていった。苦境に陥った大友方は伸びきった戦線を立て直すために筑後川まで退き始めたところ、秋月勢はこのときとばかりに山を下りて追撃に移った。

九月三日、秋月方一万二〇〇〇の軍勢が手薄になった大友方の休松《やすみまつ》本陣（朝倉市柿原）を襲った。迎える戸次鑑連は密かに兵を伏せて秋月勢を待ち伏せた。

それとも知らずに突撃してきた秋月勢は伏兵を受けて大混戦になったが、種実は兵を率いて戸次の本陣へ突入した。しかし、戦いは互角に終わり、種実は無念の内に秋月の城へ退かねばならなかった。

その夜は、戦乱で血塗られた大地を洗い流すかのような豪雨が襲った。

種実はこの雨を千載一遇の夜襲の機会だとひらめいた。そして半月にわたる戦闘で疲れ切った兵に「決着のとき」だと勇気を振るわせ、激しい風雨を衝いて吉弘・臼杵の陣屋に夜襲を掛けた。この豪雨にもやと思った夜襲を受け、混乱に陥った吉弘・臼杵の陣を蹴散らした秋月兵は次いで、戸次の陣に猛攻をかけた。

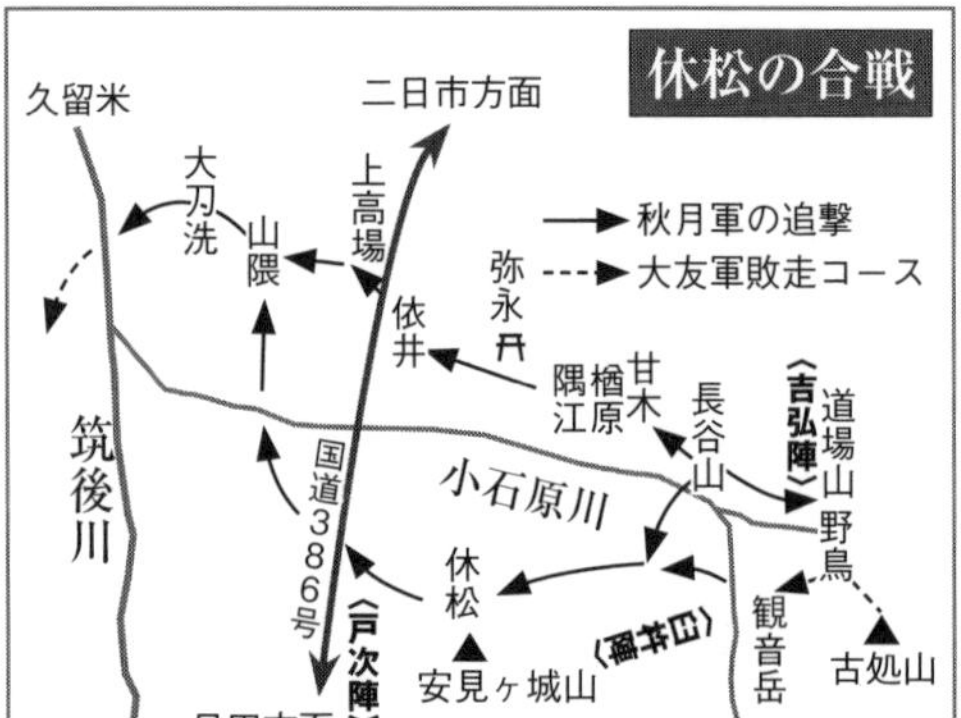

戸次道雪像
（福厳寺蔵）

「秋月軍の夜襲によって、臼杵、吉弘の軍勢は大混乱となり、古処山中に逃げ込む者、長谷山・甘水から楢原、隅江と退く者もあり、甘木、高場まで追撃して大友一族の手の者を討ち果たした」(『筑前国続風土記』)。

この一戦で二十三歳の若武者秋月種実の名が近隣に鳴り響いた。

これを見て筑紫・宗像・麻生・原田などの国衆にくわえ、大友一門の立花鑑載《あきとし》までが大友に反乱、種実の使者を受けた毛利も門司を攪乱、北九州の大合戦が始まった。戸次は初戦で弟をはじめ幾多の家臣を失ったが、名だたる戦巧者である、体勢を立て直すと電光石火で立花鑑載の立花城を落とした。一方、調略にたけた義鎮は左右良《までら》城と杷木郷一六〇町を返すと種実に送ると、立花城の陥落で動揺していた種実が父の代の遺領が戻ったことに感謝して義鎮に降ったのである。

しかし、大友傘下になったとはいえ、北部九州

の雄、大友軍を打ち破った秋月種実の名は九州一円に鳴り響き、種実は旧領を復して筑前・筑後・豊前三カ国一一郡三六万石を領する大大名になった。

義鎮はまた大内義隆の叔父で大友に亡命していた大内輝弘に兵を貸し中国へ上陸させ、毛利軍の後方を衝いた。輝弘軍に驚いた毛利が兵を退いたので、孤軍となった高橋鑑種《あきたね》も義鎮に許しをこうた。

北・中部九州は再び大友氏の天下となった。義鎮は絶えず集合離反を繰り返す筑前の土豪たちを見て、立花城に戸次鑑連、豊前の岩石城に高橋鎮種を置いて、にらみを利かし、また、毛利の再進出に備えた（『甘木市史』）。

この頃豊前豊後・筑前筑後を支配する大友氏に対抗する九州の大名は、薩摩・日向・肥後を領する島津氏、肥前・柳河を領する竜造寺氏がその勢力を伸ばし覇権を相争っていたが、まだ九州制覇までには及ばなかった。

毛利氏の脅威を除き、九州の北半分を手にした義鎮は九州平定を意図した。

天正六年（一五七八）十一月、大友傘下の日向の伊東義祐《よしすけ》から島津侵攻の注進を受けた義鎮は薩摩を制圧すべく日向に兵を進撃させたが、耳川の合戦で敗れた。

島津はこれを機に九州を平定すべく北進を開始した。

耳川の合戦で重臣や多くの兵を失った義鎮を見て、それまで大友の支配下にあった竜造寺氏や秋月氏など有力領主の離反が相次ぎ、九州は一挙に乱世に戻った。

大友宗麟（義鎮）像
（瑞峯院蔵）

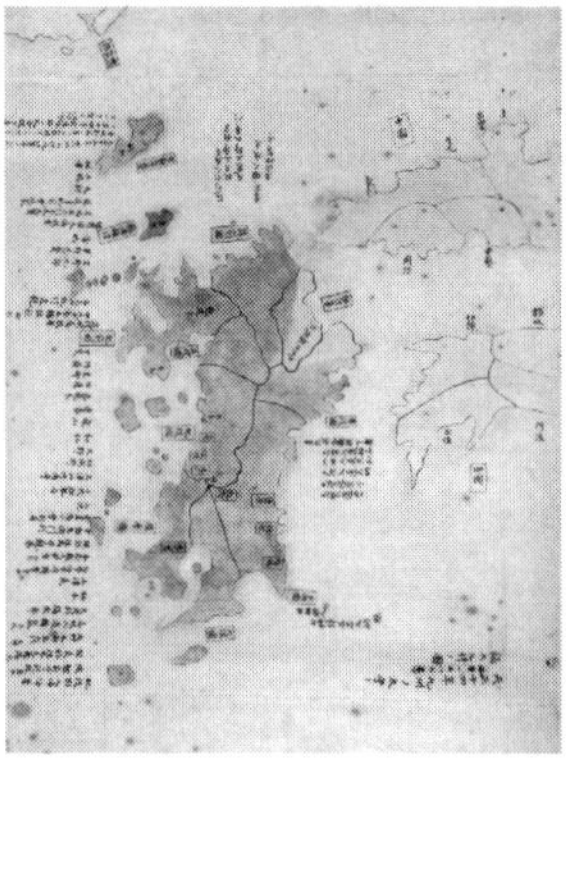

島津の九州平定図
（尚古集成館蔵）

秀吉を見誤った種実の降伏

九州で覇権争いが続いているとき、中央では天下統一が進んでいた。
天正十三年（一五八五）十月、畿内を治めた豊臣秀吉は、早くも天下人として、全国に「惣無事令」を発した。諸大名間の紛争は、豊臣政権が処理することを告げたのである。大友宗麟（義鎮）はこれ幸いと応じたが、島津は応じなかった。十四年三月、京に上った宗麟は、四月六日、謁見が許され、「惣無事令」に従わない島津を非難し、征討を懇願した。そこで秀吉は島津に書を遣わした。

「九州の者ども、私の争いを止め、急ぎ上洛すべし、しからばその本領相違あるべからず。もし違背する者あらば征伐すべし。　豊太閤」

ところが中央の動静にうとかった島津義久は、これを一蹴した。

「島津はこれを聞いて嘲笑って曰く、かの猿面の藤吉郎が吾に上洛せよとは片腹いたきことなり、返答におよばずと御書を投げ捨てる」（『黒田家譜』）。

これを聞いて秀吉は天下統一の仕上げに九州征討を発した。

天正十五年三月、秀吉は三七カ国から三〇万の大軍を動員して、悠々と九州へ向かった。

秀吉の軍勢が秋月に迫っても、天下の要害古処山城を擁する種実は、島津にく

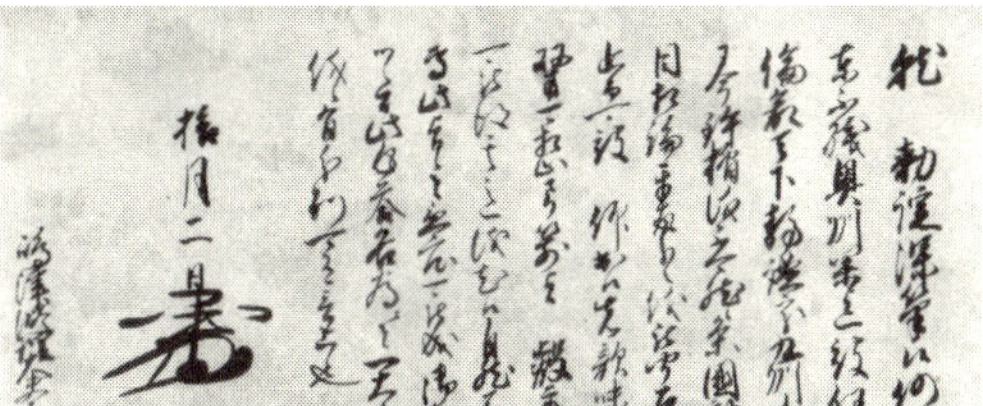

戸次道雪書
（福厳寺蔵）

島津義久像
（東京芸術大学蔵）

らべれば秀吉など何ほどにあらんと、家臣の恵理《えり》内蔵助や臼井次郎右衛門の注進も無視していた。それでも秀吉の軍勢を探るべく恵理を降礼使として、広島まで下ってきた秀吉に向かわせていた。恵理が見た秀吉の軍容は想像を絶したものだった。三月九日、目通りを許された恵理は、心から秀吉への忠誠を誓った。

天下は秀吉によって統一されつつあり、これから秋月家が生き残るためには一刻も早く島津を離れ、秀吉の傘下に連なるしかないという思いだった。

「薩州と一身の儀を変改して味方に参るならば、筑前筑後はそのまま安堵するであろう。汝急ぎ還りて秋月親子にこの旨伝えよ」

と、秀吉から脇差を与えられ、急ぎ戻った恵理は種実を説いた。だが、種実は三十六万石の大名にのし上がったとしても、所詮、田舎大名だった。

取り合わないどころか恵理を「臆病者、卑怯者」と、満座の中で罵倒した。「種実及び家臣らみなひとえに恵理が臆病にてかくいうぞと笑いける。恵理之を聞き、面目を失いけるを怒り、この石にうずくまり自殺しぬ」

天正十五年三月十四日、この上は諌死して種実の目を覚まさせるほかはないと、妻と二人の子どもを

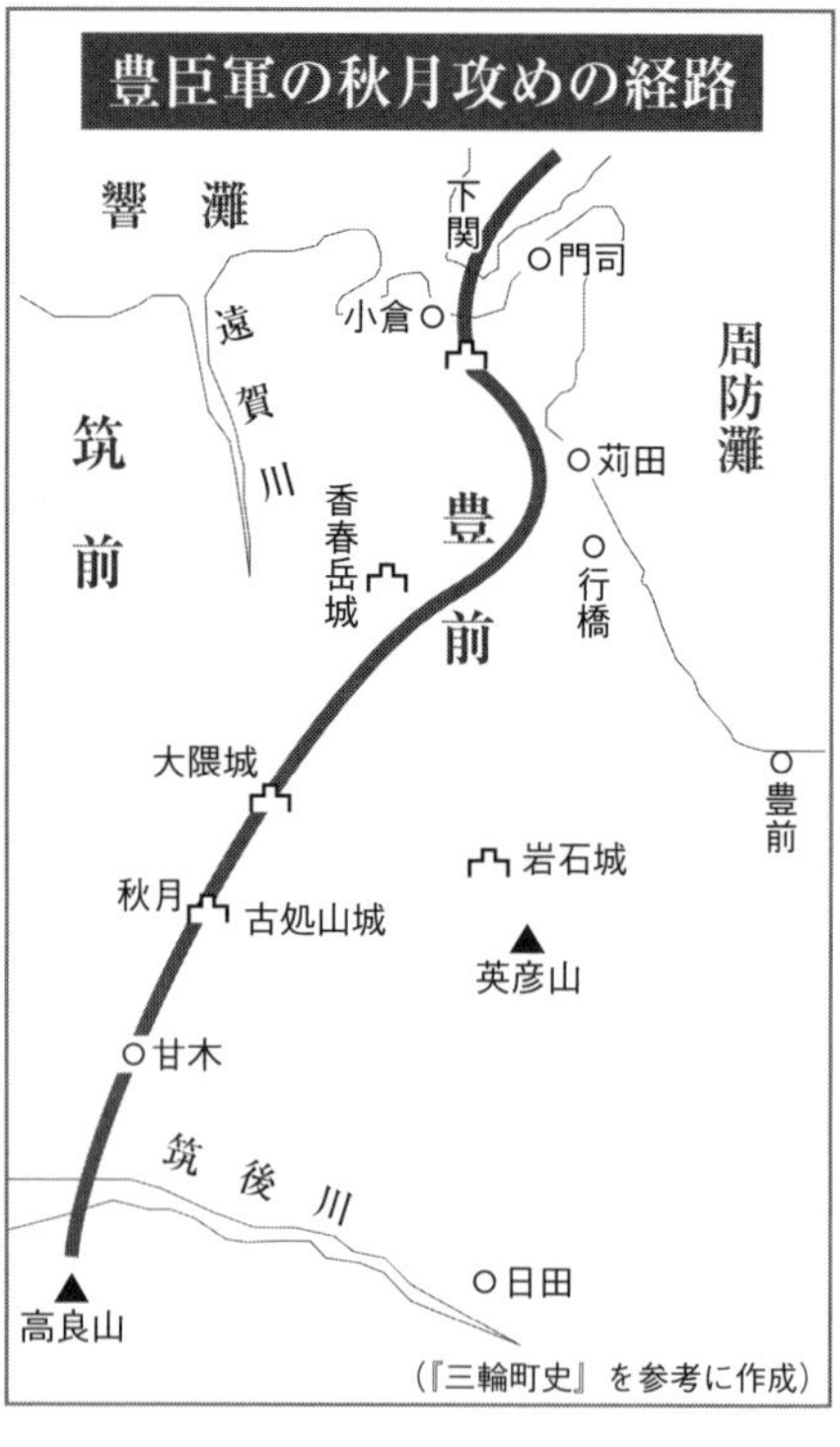

恵利の腹切り岩（秋月）

刺し殺し、自らも自害して果てた。

三月二十八日、秀吉はゆるゆると九州に上陸した。しかし、九州に入ると一転して行動は迅速になった。四月一日、秋月二四城の中でも古処山城と一、二を争う要害といわれた岩石城を秀吉は電光石火たった一日で落とした。岩石城は秋月軍随一の猛将隈江越中と芥田《あくただ》悪六兵衛が三〇〇〇の兵を率いていたが、岩石城の西方三里にある大隈城から落城を遠望した種実は、大隈城を破却し、古処山城に退いた。その夜は三〇万の兵が焚く篝火が明々と燃え、昼間を思わせた。

「関白大隈城に入り、大いに兵を輝かし、諸軍をして篝火をあげしむ。古処山城よりこれを望めば嘉麻穂波の一帯はみな火なり」（『筑前誌』）。

秀吉は篝火作戦に協力した村人に陣羽織を与え、永世貢税《ぐぜい》を免除した。一夜が明けると種実は仰天した。壊したはずの大隈城がそびえ立っていたのである。

「夜明けて古処の山上より大隈の城を見れば、一夜のうちに見慣れぬ白壁でき、見る者驚きて神変の思いを為せり」（『黒田家譜』）。

これが歴史に残る一夜城なのだが、あまりなことに秋月方の城兵は愕然となり、もはや戦うどころではなかった。籠城兵は種実が止めるのも聞かずに逃げ散った。

四月四日、一族の福武美濃守を使者に立て和睦をこうたが許されず、種実親子は急ぎ頭をそり、僧体となって大隈の西一里ばかりの芥田《あくただ》で秀吉を迎え、家宝の茶器楢柴肩衝《ならしばかたつき》と十六歳の娘を献上して降伏をこうた。種実四十二歳だった。

華文刺繡陣羽織
秀吉が大隈町（三日町・五日町・九日町）の代表３人に与えた陣羽織（嘉麻市立碓井郷土館蔵）

益富城址の一夜城。秀吉の一夜城を記念して毎年10月、嘉麻市一夜城桐の会が再現している

②太閤国割と藩体制の確立

秀吉の国割は秋月氏にとって思わぬ過酷なものとなった。
太閤国割によって畿内から九州の新たな国主となってきた大名たちは
その力で九州の地場大名の台頭を許すことはなかった。

三十六万石から日向財部三万石へ転落

秋月降伏は豊前・筑前・肥前の国人たちを恐怖に陥れた。翌五日から秋月の荒平山城に陣取った秀吉のもとへ、肥前の竜造寺、鍋島、筑紫、草野、筑前の原田、麻生、杉、宗像の占部、許斐、豊前の高橋、長野、城井、山田、八屋、広津、宮成、時枝、英彦山衆徒をはじめ遠くは壱岐、対馬、平戸、大村、五島などの国人たちが貢物《こうぶつ》をもって引きも切らず、「秀吉に拝謁を願い、貢物を献じ、あるいは降伏を請い、人質を入れて島津征伐の参陣を願い出た」(『筑前戦国史』)。

肥後、筑前筑後まで、おおよそ九州の三分の二を支配下に置いた島津氏だったが、三〇万余の大軍に抗すべきはなかった。大した戦闘もないまま次第に追い詰められ、城下の一〇キロメートル手前まで至った四月二十一日、伊集院忠棟が使

豊臣秀吉像
(高台寺蔵)

者として降伏を申し入れ、五月八日、島津義久が僧体となって降礼（降伏）をとった。天正十五年（一五八七）六月七日、秀吉は九州平定を終えて博多の筥崎宮に入って国割を行った。

小早川隆景に筑前一国、肥前の唐津・養父二郡・筑後の二郡あわせて七十万石、佐々成政に肥後五十万石、黒田孝高《よしたか》に豊前六郡、毛利勝信に豊前二郡、肥前は竜造寺政家に七郡、鍋島直茂に二郡、有馬晴信に島原など二郡、松浦隆信に松浦・壱岐など二郡、五島純玄《すみはる》に五島など二郡、大村喜前《よしあき》に大村、宗義智に対馬、日向は伊東祐兵に南那珂郡、高橋元種に臼杵郡、秋月種長に財部《たからべ》、島津久保に諸県《もろかた》郡、伊集院忠棟に肝付《きもつき》郡、そして大友義統に豊後を安堵、薩摩は島津領を安堵した。

筑前筑後及び豊前豊後の土豪は佐々成政、小早川隆景、黒田孝高の家臣に編入された。秋月種実は命は長らえたものの日向財部（高鍋）三万石へ移封《いほう》となった。種実の秋月統治はわずか十二年で終わった。種実は十五歳で、中国の毛利の援《たす》けを得て、先祖の旧領を復したときの思いがこみ上げ、秋月を去るのは忍びなかった。荒平城址から秋月城下を見下ろし「お城を賜わずとも、たとえ十石でもよいからこの地にとどまりたい」とつぶやいたという種実の心情が哀れである。

八月、嫡男の種長が豊前今井津から船で下り、九月三日に財部に上陸し、妻子や家臣は陸路、久住・竹田・延岡を経て財部へ着いた。

秋月種実、種長親子が流された日向財部は遠国であり、また三十六万石の大名

筥崎宮

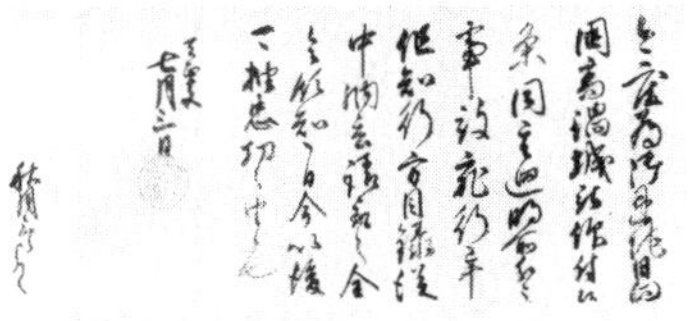

種実への朱印状
（高鍋町歴史総合資料館蔵）

がわずか三万石に落ちぶれたのである。その過酷な現実についていけずに家臣の中に脱落する者が相次いだ。秋月に残った者や舞い戻って武士を辞め、帰農する者も多かった。秋月に「日向士《ひゅうがし》」と呼ばれる地名があるが、これは過酷な財部の生活に耐えられず舞い戻った旧秋月氏の家臣が拓いた土地だといわれる。

「岡部氏は秋月氏に仕えて、四三嶋《しそじま》および筑後国乙隈の内、田畑十二町領す、其子左衛門佐、其子治部少輔、天正中秋月種長に従って日向に移り後、仕を辞して、この村に帰り農民になりけり。

初代森部孫四郎、秋月種長の遺臣、浪士となり城下を去り、山間に幽居す、寛永九年、山足軽となる」(『福岡県地理全誌』)。

乙隈(小郡市)は村落すべてが米倉姓で、秋月家の家臣の末裔かもしれない。

そのため種実はわずかに付き添った譜代の者たちと新たな国づくりを始めなければならなかった。国づくりの基礎を終えると種実は嫡男の種長に家督をゆずり、自らはさらに二〇里ほど南下した日向南端の串間に移り、金谷城を居に構えた。海に面した温暖な土地柄だったが種実の心は終生癒されることはなかった。

文禄五年(一五九六)九月二十六日、筑紫の雄と呼ばれた秋月種実は病を得て無念のうちに世を去った。享年五十二だった。

秋月種長は高鍋藩初代藩主となったものの、その領国経営は容易ではなかった。くわえて文禄・慶長の役の朝鮮出兵や関ヶ原の合戦などが相次ぎ、財政は困窮し

筑前・秋月より日向・財部へ国替え

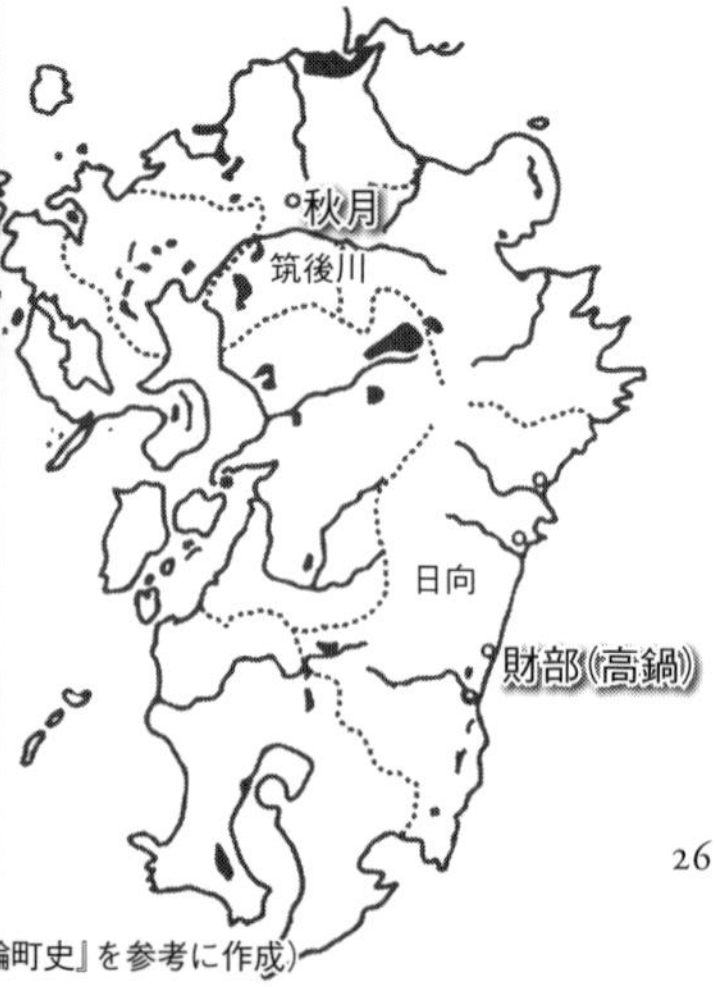

(『三輪町史』を参考に作成)

高鍋城跡

た。関ヶ原の合戦で種長は島津に同調して西軍について大垣城を守っていたが、関ヶ原で西軍が敗れたことをいち早く知ると、城将を斬って、徳川に参じた。秀吉の九州征討のさいに犯した判断の誤りを繰り返したくなかったのである。種長は早い決断とその功を家康に認められ、家督と領地は安堵され、徳川幕府誕生後も高鍋藩は安泰で、幕末も薩長に与し、種樹《たねき》が明治政府の高官になった。

小早川隆景の筑前就封

筑前に入った小早川隆景は当初、立花城を居城としたが、秀吉から「天下統一で、峻険な山岳の要害にある城は不要であり、城は海陸の交通の要所に置くべし」といわれ、博多湾に面した水運の良い多々良《たたら》川、宇美川の河口の名島に新城を築いた。筑前での隆景の重大な使命が秀吉の「朝鮮攻略」だった。隆景は自ら渡朝するとともに奉行の手島景繁に命じ、「名島留守居衆」を率い、博多町衆を指揮して朝鮮派遣軍への兵站を担い、補給物資や生活物資を朝鮮への発信基地である肥前名護屋城へ博多の港からピストン輸送させている。

秀吉は当初、博多を唐《から》入りの先端基地とするつもりだったが、博多湾が遠浅で大船が横付けできなかったので、朝鮮に近くリアス式で水深の深い名護屋に、大坂城に次ぐ広大な城を築いて兵站及び前進基地にしたのだという。一方、秀吉は

小早川時代の遺構「名島門」

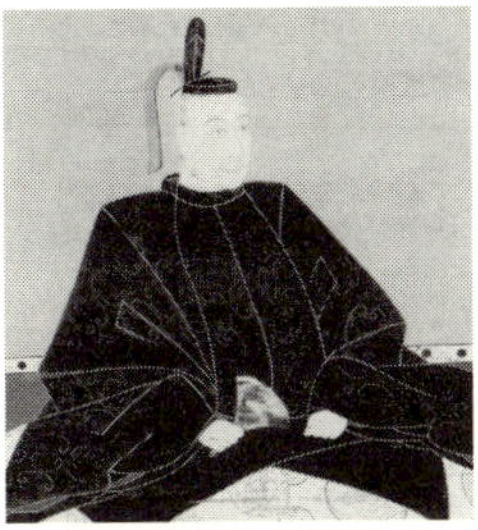
小早川隆景像
（米山寺蔵）

博多の神屋宗湛《かみやそうたん》の嘆願を聞き入れ、博多町の復興を黒田孝高に命じた。

　博多は戸数一万戸余の九州一の大都市だったが、この頃相次いだ兵乱のために荒廃していた。そこで東を石堂川、西を博多川、南を辻の堂、北は博多湾を限りとして、博多の町割を一〇町四方に改め碁盤の目に町割し、武家の居住を許さず、楽市楽座を開いて自由都市とした。そして神屋宗湛、鳥居宗室、柴田宗仁、西村九郎右衛門、高木源右衛門、鶴田宗悦、勝野了浙《りょうせつ》、末次宗得等の町衆に街の運営を任せた。官兵衛はこの十三年後に子の長政が関ヶ原の合戦の恩賞で筑前を得て、博多に戻ることになる。

　博多復興について『宗湛日記』には「十一日より博多町の指図を書きつけられて、十二日より町割也。博多町割奉行衆は、瀧川三郎兵衛どの、長束大蔵どの、山崎志摩どの、小西摂州、この五人也、下奉行三十人有」とあって、五人のうちの名前がない一人が黒田孝高だろうと推測されている。

　隆景が名島にいたのは七年に及ぶが、その後半は朝鮮に在陣していた。しかし、在陣中に病を得、秀吉の正室、北政所《きたのまんどころ》の兄、木下家定の五男秀俊（秀秋）を養子に迎えた。文禄四年（一五九五）九月二十日、秀秋は隆景とともに名島に入った。

　慶長二年（一五九七）二月、「慶長の役」に、秀秋が朝鮮派遣軍の総大将として赴任した。秀秋は翌三年に帰国し、越前十五万石へ転封した。

　秀秋の早々の帰国は朝鮮での失敗があったためだといわれるが、秀吉が筑前を

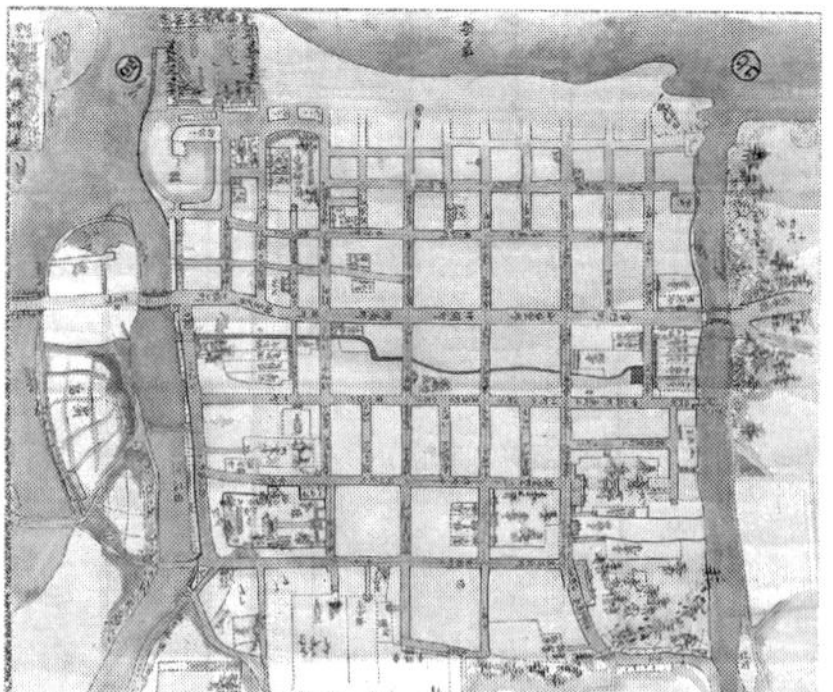

一五八七年頃の博多（博多旧図）
（福岡市博物館蔵）

神屋宗湛像
（神屋家蔵）

直轄兵站基地にするためで、代官として石田三成、浅野長政があたった。

兵站基地は旧秋月領の夜須郡中牟田村に置かれ、広大な田畑をもつ夜須・御笠《みかさ》・上座・下座・筑後御井《みい》・御原《みはら》・竹野・生葉《いくは》八郡の貢米《こうまい》が集められ、胎土郡今津横浜の積出港へ送られ、梶取や水手などの水運業者によって名護屋まで運ばれた。

慶長三年八月十八日、年初から病にあった稀代の英雄豊臣秀吉が数奇な生涯を閉じた。徳川家康を中心にした五大老は無益な朝鮮侵略を中止し、朝鮮からの撤退を決定した。そのため越前の小早川秀秋が旧領の筑前に復した。

秀秋が復した筑前は石田、浅野ら豊臣代官衆の過酷な収奪で、肥沃な大地をもちながら田畑は荒れ、農業は崩壊寸前だった。

秀秋は筑前の疲弊ぶりを知って「玄蕃のときのことは何も相立つまじく候」と前任の山口玄蕃宗永《むねなが》の過酷な政策を否定し、農民保護を主とした五カ条の令を発し、小農保護策をとって、朝鮮出兵で疲弊した農村の救済と復興を図った。

しかし、秀秋の復領はわずか二年で終わった。慶長五年九月十五日、石田三成が起こした関ヶ原の合戦で、徳川方に与した秀秋は論功行賞を受け、備前岡山五十万石に栄転していったのである。

太閤国割で秋月庄は小早川隆景の領地となったが、統治の実体は記録に乏しく不明で、小早川時代は秋月の領主はなく、一寒村になっていたようである。

朝鮮の城

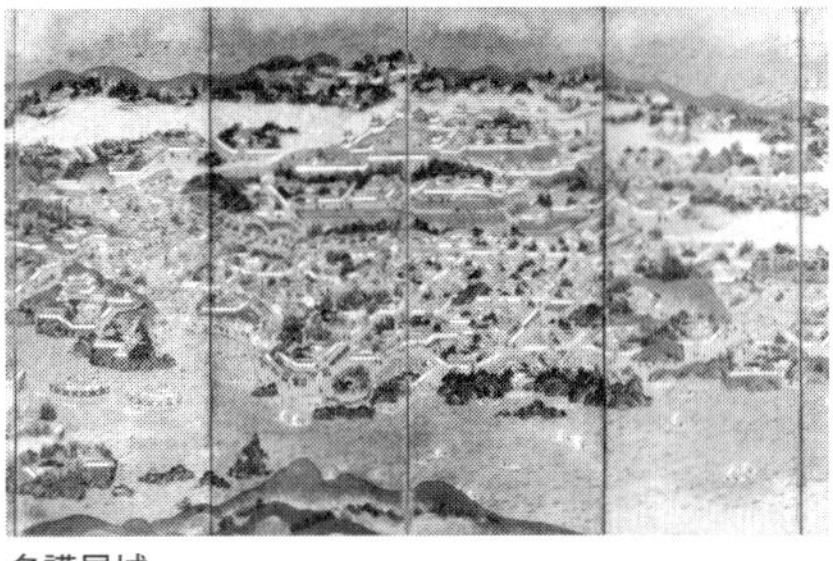
名護屋城
（個人蔵）

③ キリシタンの聖地秋月

黒田氏は戦国最大のキリシタン大名だった。

初代藩主黒田長政は徳川政権の禁教を受け、叔父図書之助直之（ミゲル惣右衛門）に領地を与え、キリシタンを秋月に追いやった。その後、直之の死とともにキリシタンを秋月から追放した。

黒田長政の筑前入りと福岡藩の成立

秀吉の願いもむなしく没後の豊臣政権は流動的になった。跡を継いだ秀頼は幼く、その政治は徳川家康と前田利家が並ぶ五大老で行われることになったが、中でも家康が突出していて、これを嫌う石田三成を筆頭とする五奉行と、朝鮮の役以来、石田を嫌う秀吉子飼いの大名たちが相争い、政治は動揺せざるを得なかった。慶長五年（一六〇〇）、上杉討伐に端を発した関ヶ原合戦は日本を二つに割る戦いとなったが、その戦争はあっけなく、一日で徳川方の勝利となった。戦後に、新しい権力者となった家康は戦後処理を果断に行った。石田方の九一家を取り潰し、四家を減封して、六百四十二万石を手にすると、これを徳川直轄領や譜代の家臣を大名に取り立て配分した。

黒田長政像
（福岡市博物館蔵）

大名の国替えも容赦なく断行して、関東は徳川譜代・旗本で固め、東海・近畿に縁者を配して万全を期した。九州では石田方の小早川秀包、筑紫広門、立花宗重・高橋統増《むねます》兄弟は改易を受け牢人となった。その上で、元は豊臣恩顧の大名だが、関ヶ原合戦で家康方に与して戦功のあった大名に新たに恩賞として九州に領地を与えた。敗残の石田三成を生け捕りにした田中吉政に筑後三十二万石、家康の命を受け薩摩をけん制した加藤清正は肥後三十万石を安堵し、のちに小西行長の領地を加増され五十二万石に、関ヶ原で活躍した細川忠興に豊前豊後三十二万石、そして関ヶ原合戦で小早川秀秋の寝返りを調略した豊前中津領主黒田長政に筑前及び博多津三十一万石を与えた。家康が均等に褒章を与えたことがわかる。

長政は豊前十二万石からの倍余で一挙に大大名になったことになる。だが、長政は「黒田五十二万石」で知られている。実は、「長政公の闔境《こうきょう》★を検せらるるは、二万人の軍役を勤むる体面を保つ五十万石を得んとせらしにあり」（『福岡藩主記録』）と、長政は自ら再検地して五十万石を打ち出したのだという。それも幕府内での大大名としての自らの地位を高めるために打ち出したもので、実際は水増しの石高でしかない。この検地では、のちに秋月領となる夜須郡は小早川検地では一万八千百八十一石が三万三千二百五石と倍ほどになり、再検地が実態にそぐわない意図的な検地だったことが知れる。「初めて封内の田圃を検せられしときは老臣栗山四郎右衛門利安、井上九郎右衛門之房をはじめ、上下の諸士及び陪

▼闔境
国内すべて。

検地図
（『嘉穂地方史』）

検地図
（『嘉穂地方史』）

臣まで百余人、郡分けして各千百を経回奔走して、わずか七・八・九・十月の百余日間に七百余の検地を終えたり」（『福岡藩民政誌略』）。

入封後、小早川隆景が築いた名島城に入った長政は、名島は城下町を築くには後背地が狭いところから、父の孝高と相談して新たな城を築くことを考え、博多の西、警固《けご》村の入り江の福崎にある赤坂山に新城をつくった。

新城は総面積二四万坪、内城八万坪、二の丸五千坪、三の丸七万坪という巨大な城だった。新城とともに城下町の建設も並行した。

新しい城下は先祖の地、備前福岡にちなんで「福岡」と名付けた。

こうして黒田氏が治めることになった福岡は城下町福岡と自由商業都市博多がある全国でも珍しい双子都市のある藩となった。

しかし、相次ぐ工事は七年以上に及び工事に駆り出される農民の負担になった。くわえて幕府は黒田家が上申した五十万石という数字をもとに、軍役や手伝い普請《ふしん》の公役を命ずることになる。その上、検地が水増しであれ、その結果は農民の税負担の根拠となった。さらに長政は福岡城にくわえ豊前との国境に六端城を築き、城下町も新たに建設した。その夫役にも農民が駆り出され、その間農民は農業ができずに藩内の農業は荒れ果てた。暮らしに窮した農民は「走り百姓」になって他領へ逃げ出した。近隣の藩にくらべ福岡藩は極端に農民が少なくなった。長政の父の孝高が「臣下百姓の罰恐るべし」と諭したのはこのときである。

福岡藩領地図
（福岡県立図書館蔵）

そこで農民対策に年貢を三公七民にしたが、それでもその三割しか徴税できなかったというので、当時の農民の疲弊ぶりがうかがえる。

領国経営に苦心する長政と異見会

新しい領地での領国経営を複雑にしたのは皮肉にも平和の訪れだった。問題は三ツあった。

一、軍事体制から平時体制への移行
二、草創期からの重臣の扱い
三、健全な財政体制の確立と農業の再建

豊前から筑前への入国当初の藩体制は、豊臣方と徳川方の争いが芽生えたころであり、御先衆《おさき》、旗本衆、鉄砲衆、弓衆などの番組体制で、臨戦態勢だった。

ところが一国一城の元和偃武《げんなえんぶ》をへて、徳川幕藩体制が確固となるにつれ、戦争の芽は摘まれ、組織は軍事体制から平時体制、つまり、軍事機構から行政機構と官僚組織へ移行しなければならなかった。

新領地での統治体制づくりと複雑になった藩経営には、戦争の猛者《もさ》より行政や事務・財政に優れた官僚型の人材が求められたのである。これは戦国以来の家臣たちではなかなかできなかった。当然、官僚型の家臣の登用が必要になってくる

黒田長政坐像
（福岡市博物館蔵）

福岡城

が、このことは、旧臣たちを疎外することになり、軋轢《あつれき》を生む。

　如水（官兵衛）の生前は問題がなかったが、長政の代には重臣たちの間に不満がくすぶり表面化してきた。そこで長政は、毎月一度、家老や重臣たちを招いて、酒を酌み交わしながら「長政の身の上悪しきこと」「国中の仕置の道理に違いたること」「何事にも常のとき申し難きこと」を上下の関係に遠慮なく、意見を言い合う「異見会」を開いて、国の仕置き（政治）に反映させ不満を解消した。

　長政は尚武を尊び、家臣統制の法令三カ条を発した。

一、衣食におごらず質素倹約に努めよ
一、私用を飾らず身上相応を心掛けよ
一、奉公においては陰日向なく努めよ

これが福岡藩の祖法となり、代々藩主以下順守した。

　次いで、頭を悩ましたのが財政である。それまでの戦国時代なら収入の不足は他領の切り取りで補うこともできたが、太平の世ではそれはかなわない。いかに現状の領内で歳入を増やし、また財政基盤をつくるかに頭を悩ました。

　前述のように歳入の基盤である農業は荒廃していた。そこで知行地をもつ給人に夫役は農民一人につき月三日、蔵入り地（藩収入）は月一日、年貢は規定のマスを使用し、一石につき三升の口米《こうまい》を納めること、給人が農民の土地、家を取り上げることを禁止、走りも代官や給人が承知すれば許可し、農民保護と定着化を

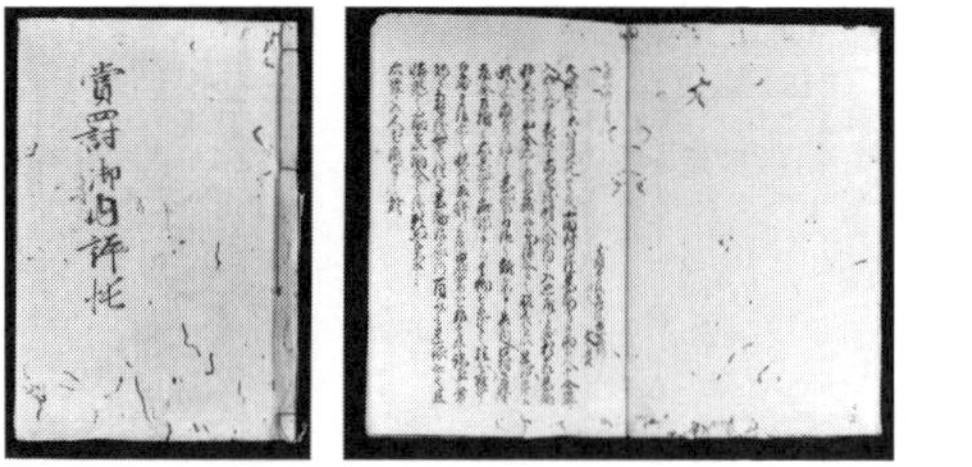

黒田長政・賞罰御内評帳（秋月郷土館蔵）

黒田家の家臣たち
（福岡市博物館蔵）

図った。

　また、新田の開発を奨励し、農民で耕作に従事していない者や、走り百姓でも戻って新田開発する者はその罪を許した。

　財政について福岡藩は、総石高の六割は家臣の給地で、四割が蔵入り地となる。さらにこれに租率を掛けた額が実収入で、これから藩主の賄い、江戸藩邸の賄い、切扶持米の俸禄、幕府による軍役や手伝い普請を賄わねばならなかった。この頃の主たる収入は米である。そこで長政は財政の安定化と基盤の強化を図るために徴租法を改めたり、新田の開発などの努力により、元和八年（一六二二）には長政公御遺言書の定則によれば、米や大豆を除いた銀だけで、歳入四三〇〇貫目に対して、歳出は二四四五貫目で、一八〇〇貫余の黒字となり、用心除分として蓄えるほどになったという（『夜須町史』）。

　これは、慶長十七年（一六一二）から元和七年にいたる過去十年間の歳入・歳出額を示し、藩財政のあり方を示したもので、

「右の積り堅く相守り、城付け用心除の分、年々間断なく相除けば、おおよそ百年もたてば、いまに天下に配分の銀の過半は当家に集まる」（『物語福岡藩史』）というもので「銀一万七〇〇〇貫、金一〇万両、銭一〇万貫目」を福岡藩永代資産として残したという。また、嫡男忠之の素行を危うんで福岡藩の改易も考え、三男長興に秋月藩五万石、四男高正に東蓮寺藩四万石を分知するよう定めた。

黒田長政
（福岡市博物館蔵）

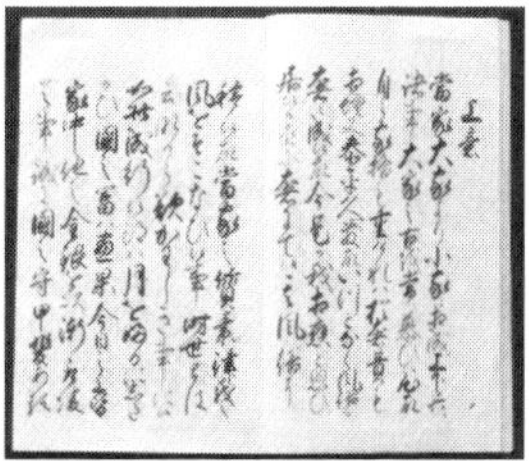
御代々御式目
（秋月郷土館蔵）

キリシタン禁令と聖地秋月

長政の最大の危惧に父如水が残したキリシタン問題があった。

実は如水はシメオンという洗礼名を持つ戦国大名最大のキリシタン大名だった。

レオン・バゼスの『日本切支丹宗門史』に次のような記述がある。

「甲斐守（長政）は、豊前と引き換えに、より大なる筑前を拝領した。

領内には千人以上のキリシタンを数える博多やその付近に同じく多数の信者のいる村々があった。甲斐守の家臣の大部分はキリシタンであり、甲斐守は備前中納言（宇喜多秀家）のいとこ、ドン・ヨハネ明石掃部とその家臣三百人、ドン・シメオン・フインデナリの子で、ドン・フランシスコと久留米のキリシタン武士の大部分を家臣にくわえた。その上、長政は筑前入国のさい、博多で伝道していた宣教師に土地を寄進し、その後、父の遺命にしたがって美麗な天主堂を建てた。父がそこに埋葬されることを望んでいたからである」

しかも、如水の兄弟や黒田二十四騎といわれた重臣たちもキリシタンが多かった。そのため福岡城下と博多は日本最大のキリシタンの町になっていた。

慶長八年（一六〇三）九月、上洛した如水は、十月に入って病を得て、有馬温泉で養生した。ところが翌年二月に病状が急変、知らせを受けた長政は、家老の

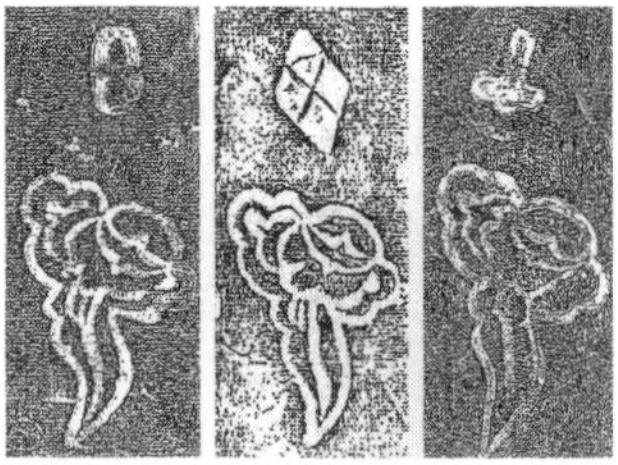

福岡城瓦に描かれた十字架
（福岡市蔵）

如水像
（崇福寺蔵）

栗山利安を伴って上京し、旅装もとかずに藩邸で如水の看護にあたった。

しかし、長政の願いもむなしく三月二十日辰の刻（午前八時頃）に逝った。

「如水は予言した時刻に達したれば、辞世の句を口吟し、その声のまだ絶えざるに端然として逝去せり」（『黒田家譜』）。

おもひおく言の葉なくて　つゐに行
　道はまよハし　なるにまかせて

『黒田家譜』に「慶長九年三月廿日、於伏見屋敷病死、歳五十九、法名龍光院如水圓清　筑前国那珂郡博多松原崇福寺に葬」とある。ところが本葬はキリシタンとして教会で行われていたのである（『黒田如水』）。これは如水の葬儀を司式したラモン神父とガブリエル・デ・トマスのイエズス会の報告で明らかになった。

「一六〇四年、如水は京都において死亡した。如水は、自分はキリシタンとして死にたいといった。それから自分の死骸を博多の神父のところに持ち運ぶように命じ、長政には神父たちを粗略に扱わないように遺言でいった。そして長政殿は、われらの新しい教会を建てる許可を与えた。

博多の本格的な教会は亡き父の追悼記念堂だということで幕府も許可した。

それまで教会は南蛮寺と呼ばれ、廃寺院や民家を教会として利用していたので

キリシタン屏風
（福岡市博物館蔵）

これが本邦初の本格的な西洋教会建築となった。内部は屋根の内まで吹き抜けで、二列の柱によって幅の広い身廊《しんろう》と両側のやや狭い側廊があり、正面には祭壇が設けられ、ローマのサンタマリア・マジョーレ大聖堂の聖母子画の写しが安置されていた。教会の外側にもかなり広い回廊が四面に巡らされていた。教会の入り口にはイエズス会の紋章が飾られ、尖塔には燦然《さんぜん》と十字架が輝いていた。

完成したのは如水の三回忌だったので、より荘厳な式典を行った。

「長崎から準管区長フランシスコ・パジオ神父が多数の神父と修道士を連れて、如水の葬祭を行うために来た。これには筑前殿及び大身はみな参列した。

慶長十一年（一六〇六）三月二十一日、如水の追悼ミサが行われた。前日の荘厳な挽歌から始まり、当日のミサは三人の司祭によるレクイエム・ミサでその頂点に達した。聖歌隊はそのときの音楽を担当した」（『伴天連記』）。

ミゲル直之の死と秋月崩れ

如水の死で、ひとつの難問をクリアした長政だったが、まだキリシタンに関する難問があった。如水の兄弟や家臣にもキリシタンが多かったのである。

なかでも図書助直之はミゲルと洗礼名で呼ばれ、ローマにも聞こえた敬虔な信者で、妻もマリアと呼ばれていて棄教などまったく無理だった。

福岡教会の想像図

聖アンナと聖母子画

黒田直之像
（福岡市博物館蔵）

そこで長政はこの叔父に福岡から八里ほどの山間の秋月一万二千石を与え、キリシタンを福岡から遠ざけた。直之は中津でも宇喜多秀家の家臣明石掃部全登《ぜんと》ドン・ジョアン（道斎）が信徒三〇〇人余とともに豊前に逃れてくると、これを庇護して多くが家臣となり、掃部も千二百五十四石で召し抱えられている。直之はふだんは福岡に住んだが、秋月をキリシタンの安住の地としたいと思い、慶長十二年（一六〇七）、秋月に天主堂を建設し、バエス管区長を招いて献堂式を行った。この教会には司祭G・D・トマスと修道士ヤマ・ジョアンが置かれ、教会を中心に秋月が博多とともに耶蘇教の九州伝道の拠点となり、信徒二〇〇〇人余が暮らした。トマスは一六〇四年から五年間、秋月で布教した。

直之はこのほかに二つの教会を建て、その一つは三〇〇〇人以上のキリシタンがいた大きな町に建てられたといわれ、甘木宿にレジデンスが建てられた。

ところが十三年に直之は病を患った。

「病気の回復が思わしくないのを知って、長政は叔父の直之に、名医が多い都に上って治療を受けることを勧めた。ところが直之が大坂に着いた頃には病状が急変して、衰弱が激しくなった。死期を悟った直之はキリスト教の作法通りに、臨終の秘蹟を受け、さらに終油《しゅうゆ》の秘蹟を受けて、キリシタン信徒として敬虔なる生涯を終えた。遺体は直之の遺言通りに秋月に運ばれた。

秋月ではミゲル直之の亡骸を家族や家臣、信徒を始め多くの領民が悲しみにく

イエズス会日本史

秋月のキリシタン燈籠

キリシタン瓦
（福岡市蔵）

れて迎えた。葬式は彼が建てたわれらの教会で行った。彼は優れた人格者であり、また、この地の領主でもあったから、人々に大変愛され、尊敬されていたので、その葬儀のためにキリシタンも仏教徒も一万人ほど集まってきた。それから彼の遺骸を長崎へ運び、そこでキリシタンとして、貴族として、名誉ある人物として、彼にふさわしい盛大さをもって埋葬したのである」（『キリシタン研究』）。

実は長政もダミアンの洗礼名をもつキリシタンだったが、再婚した妻が徳川家康の養女だったように、徳川家や幕府との縁が深く、キリシタン禁令の狭間で苦しんでいた。

「慶長十八年正月三日、江戸城へ年賀に登城した長政は、家康と二代秀忠、そして老中から博多の教会の閉鎖を申し渡された。父如水に対する孝行の心があっても、長政はここで幕府の圧力に屈せざるを得なかった。福岡に戻ると長政は教会の閉鎖と神父の退去を命じた。それは幕府の命令だと断りながら、いたって丁重に神父に通達した」（『キリシタン研究』）。

「黒田如水とともに日本教会の最後の希望も失われてしまったのであるが、家康がキリスト教の破滅を、その最後の柱（如水）が倒れてしまうまで待とうとしたことも、あながち偶然の出来事ではない」（ヨハネ・ラウレス）。

家康は如水を恐れ、その死後も禁令を強行できずにいたのである。

これを機に、長政はキリシタン弾圧に傾いていく。まず、福岡に戻った二月二

黒田直之の墓（福岡市香正寺）

マリア観音
（秋月久野家蔵）

十五日、博多の妙典寺でキリスト教と仏教の宗門対決を行わせた。

俗にいう「石城《せきじょう》★問答」で、イルマン旧沢と京都妙覚寺の日蓮僧唯心院日忠を対決させ、キリスト教側が敗訴すると、那珂《なか》川の西中島橋の側にあった教会を破壊し、キリシタンを博多から秋月へ追放した。跡地は日蓮宗の勝立寺となった。

また、長政は秋月のキリシタンの一掃の機会を狙っていた。

秋月はミゲル直之の嫡男パウロ直基が跡を継いでいたが、直基が不始末のあった家臣を手討ちにしようとしたところ、逆襲にあって不慮の死を遂げた。

これは秋月せん滅を謀った長政の陰謀ではないかと疑われている。

五月、長政は秋月を闕所《けっしょ》★として、直基の二人の弟、正直、七郎イナシオに相続を許さず、直之家は断絶した。天主堂を破壊し、秋月からキリシタンを追放した。

明石掃部の従弟明石次郎は棄教を拒否し博多で斬首された。

直之の妻のマリアは筑前を退国した。毛利秀包の娘で、直之の養女となったよしは十五歳で黒田家の重臣吉田壱岐重成に嫁いだが、直之が死すと「夫が耶蘇教を嫌うようになった」と残している。よしは長寿して九十五歳で亡くなった。二男の正直が建立した直之の墓は無縁仏になっていたが、現在はよしが眠る香正寺（福岡市中央区警固）の墓の傍らに安置されている。

秋月を逃れたキリシタンは弾圧を恐れて密かに地下に潜っていった。しかし、ときおり発見されたらしく、秋月の小石原川には元禄期にキリシタンを処刑した

▼石城
博多の別名。

▼闕所
土地家屋などの財産没収。

といわれる「キリシタン河原」の名が残っている。

信徒や教会が一掃された秋月は一時期の華やかさが嘘のように荒廃していった。秋月がキリシタンの聖地であったことを偲ばせるものは、キリシタン豪商コスメ末次興善の屋敷にあったといわれるキリシタン灯籠、一枚岩でできたキリシタン橋、昭和六十三年に発掘されたキリシタン瓦、そして直之の家老職だった久野家に伝わるマリア観音だが、これらのいわれはまったく残されていない。

このことについて『物語福岡藩史』は次のように指摘している。

「時代の流れを先見し領国支配の確立を急ぐ長政にとって、何より急務となったのは、せっかくつかんだ大名の地位を守ることであった。従って徳川幕府が禁止した宗教を、領国内に広めることは到底許されることではなかった」

長政は、キリシタン的遺構は徹底的に破壊し、その由来も残さなかった。当然、如水がキリシタンであったことや、博多や秋月がキリシタンの楽土であったことは黒田藩の歴史を記した『黒田家譜』にも記されていない。

秋月は種実が財部に流された後、小早川時代には、さしたる領主もなく、一村落があったくらいで発展はなかった。直之が城主となって九年ほど住み、キリシタンを含め二〇〇〇人ほどの人口があったはずだが城下町を形成するまでにはいたらず、直之亡き後は、キリシタンは長政の追及の手を逃れるように秋月を離れ、秋月のキリシタンの歴史は封印され、秋月そのものも歴史に埋没していった。

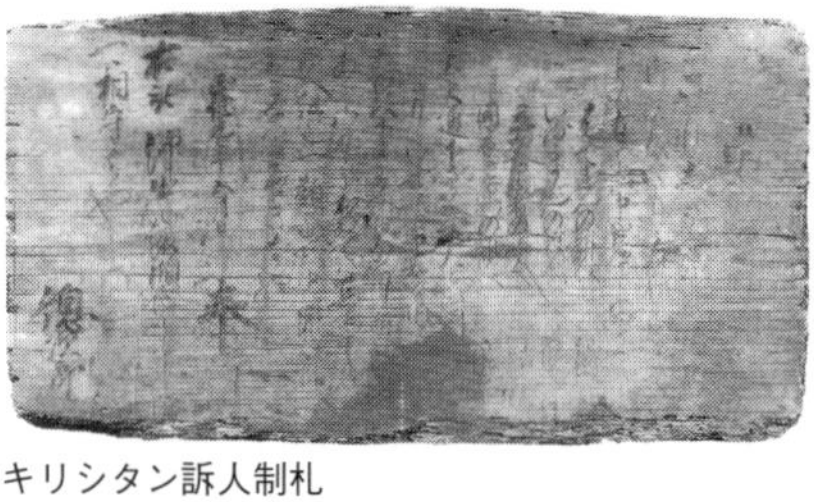
キリシタン訴人制札
（秋月郷土館蔵）

小石原川の「キリシタン河原」

長政の遺言

元和九年（一六二三）、江戸から帰国中の黒田長政は病を得、京都報恩寺において養生に努めたが八月四日死去した。享年五十六だった。長政急病の知らせを受けた嫡男の忠之は不行跡で鳥飼の別邸に謹慎させられていた。そこを家老の栗山大膳がとりなし、忠之を同道して上京して、長政の枕元に伺候させた。長政は忠之を待たせ、大膳と小河正直《おごうまさなお》を枕辺に呼び寄せ、苦しい息の下から不肖の忠之を托した。秋月藩の分知は嫡男忠之に藩主としての不安を長政が抱いていたことにある。「我等死期近くにあり、如水及び我等が忠節によりて得たる大封を汝に譲らんには、十年を期せずして必定家名断絶の禍を取べきなり。我等が死後、家督は勘解由（長興《ながおき》）に譲り、官兵衛（高政）を東蓮寺に分知して扶翼と為すべきにより、その分心得べし」（『長興公御代始記』）と、枕元で忠之に言い渡した。それとともに長興に「長政公勘解由様江御書置」を残した。

一、金子銀子合わせて金に〆三百拾枚、都合大判千枚也
一、孫六の刀・前廉能刀は遺し候
これは我等ら若きときより差し候刀にて候間残し候

長政公遺言書（秋月郷土館蔵）

長興への「長政公遺言書」（秋月郷土館蔵）

一、具足、日根野織部より来る甲は日向陣に着申し候
一、その他、指物一腰、大身鑓一振、五十嵐に申付候硯箱
　　元和九年八月　日　　長政

長政が死去したとき、長興は弟の高政とともに江戸藩邸にいた。大名の妻とその子どもは、いわば江戸幕府の人質で江戸に住まわせなければならなかったのである。長興は長政危篤の報を聞くや直ちに母や弟たちとともに京都へ向かった。その途中、天竜川の渡しで長政の死去を知らせる忠之の使者に出会った。使者は、この上は上京するに及ばずと言ったが、付《つけ》家老の堀平右衛門正勝は、これを押し切り、京都へ急いで、長興に長政の遺骸と対面させた。

八月二十三日、福岡城において、長政の遺言通り、長興は忠之から秋月五万石の知行目録と新たに付ける家臣の名列書を受けた。

十月半ば忠之が第二代福岡藩主に就封し、長興が秋月藩五万石藩主に、弟の高政が東蓮寺藩四万石に就封することが発された。

忠之は福岡藩二代藩主になると遺言通りに長興と高政に分知したが、あくまで家臣扱いでいずれは分知を取り消すつもりだった。しかも、姑息な忠之は豪商が多い在郷一の商都甘木宿《あまぎじゅく》は何食わぬ顔をして福岡藩に残した。

福岡藩二代黒田忠之
（福岡市博物館蔵）

第二章　黒田秋月藩の誕生

長政の意を奉じ、本藩のことある場合に備え分知を独立藩とした初代黒田長興。

1
秋月分知と独立

二代忠之の素行を危うんだ長政は三男長興と四男高政に分知した。付家老堀正勝は長政の意を奉じて、秋月藩を独立藩として幕府に届けで、本藩にことある場合に備えた。

長興へ秋月五万石を分知

元和九年（一六二三）閏八月二十三日、黒田長政の遺言により、二代藩主忠之は三男長興に秋月五万石、四男高政に東蓮寺（直訪）四万石を分知した。

これにより福岡藩に二つの支藩が誕生することになった。

秋月藩初代藩主黒田甲斐守長興は慶長十五年（一六一〇）三月十六日生まれで、幼名犬万といった。母は徳川家康の養女（高遠城主保科正直の娘）で栄姫である。

元和元年（一六一五）四月、六歳になった長興は母に従い上府した。途中、京都の二条城で祖父の家康と二代将軍秀忠に謁見し、その後は江戸にいた。

秋月では新しい藩主とその家臣を迎える準備に追われていた。藩主の館は黒田直之が居館としていた秋月種実以来の梅園の館（杉本城）がそのまま使用される

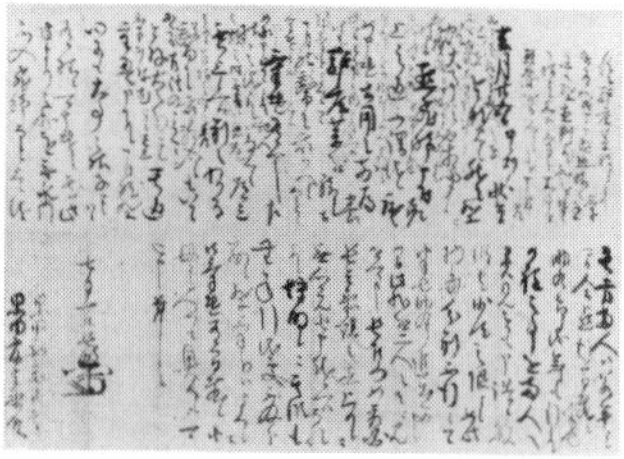
長政から長興へ
（秋月郷土館蔵）

ことになったが、若き新藩主にふさわしく新築同様に改築が行われた。
同時に重臣から下士にいたるまで家中の屋敷の縄張りが行われ、屋敷の工事が並行して行われた。ときならぬ槌音と次々に建ち上がる屋敷に村人は驚嘆し、新しい国づくりを驚異の目で眺めた。寛永元年（一六二四）七月、この年、元服を迎えたばかりの若き藩主黒田長興は家老堀平右衛門正勝以下三四八人の家臣を従えて、真新しい木の香が薫る新領国の秋月城に堂々と入った。

秋月黒田氏系図

黒田孝高―福岡藩初代藩主 長政《ながまさ》―秋月藩初代藩主 長興《ながおき》―二代 長重《ながしげ》―三代 長軌《ながのり》―四代 長貞《ながさだ》―五代 長邦《ながくに》―六代 長恵《ながよし》―七代 長堅《ながかた》―八代 長舒《ながのぶ》―九代 長韶《ながつぐ》―十代 長元《ながもと》―十一代 長義《ながよし》―十二代 長徳《ながのり》―

「忠之公より御知行御引渡之写」によれば、秋月の分知分は次のようになる。

一、知行目録　高都合五万石　村数五五カ村
一、合高　二万六二一七石六斗五升四合三勺　夜須郡ノ分　二九カ村
上秋月村・下秋月村・江川村・野鳥村・長谷山村・甘水村・楢原村・隈江村・弥永村・栗田村・三箇山村・畑島村・下高場村・上高場村・久光村・依井村・大塚村・牛木村・馬田村・上浦村・高田村・下浦村・草水村・千

黒田長興像（古心寺蔵）

黒田秋月家家紋

代丸村・菩提寺村・入江持丸村・下渕村・千手村・四三島村

一、合高　七八二一石三斗五升六合七勺　下座郡ノ分　一七カ村

山見村・田代村・屋形原村・板屋村・柿原村・古賀村・頓田村・来春村・一木村・堤村・小田村・平塚村・寒水村・屋永村・西津留村・牛津留村・阿井窪村

一、合高　一万五九六〇石九斗九升　嘉麻郡ノ分　九カ村

馬見村・屏村・桑野村・椎木村・西郷村・上碓井村・平山村・千手村・大力村

ただ、寛文四年（一六六四）の幕府交付の「領地目録」には五八カ村とあり、村々や石高に違いがあるが、そのわけは明らかではない（『甘木市史』）。

秋月藩は霊峰古処山の南山麓から朝倉平野の夜須郡、下座郡、北山麓の嘉麻郡が領土だった。そのなかで秋月城下は古処山を源とする野鳥川が拓いた盆地にあった。城下を主要街道の秋月街道が山を越えて小倉へ貫いている。

城の背後に標高八五九・五メートルの霊峰古処山があり、左右を山に囲まれ、南西側が朝倉平野に開けているが、野鳥川が小石原川に交わる南側に標高一〇〇メートルの観音山があって、視界を防ぎ要害となり、まるで四方を山に囲まれたような地形である。嘉麻郡は古処山の北山麓一帯になり、秋月街道沿いにある。

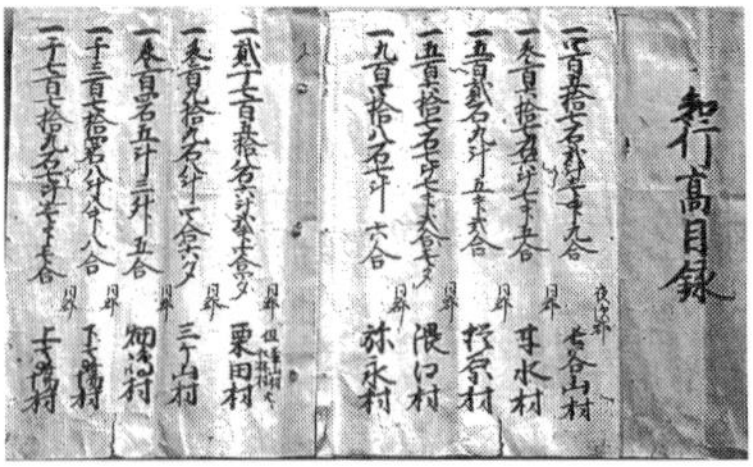
知行高目録

知行高目録
（秋月郷土館蔵）

秋月の春

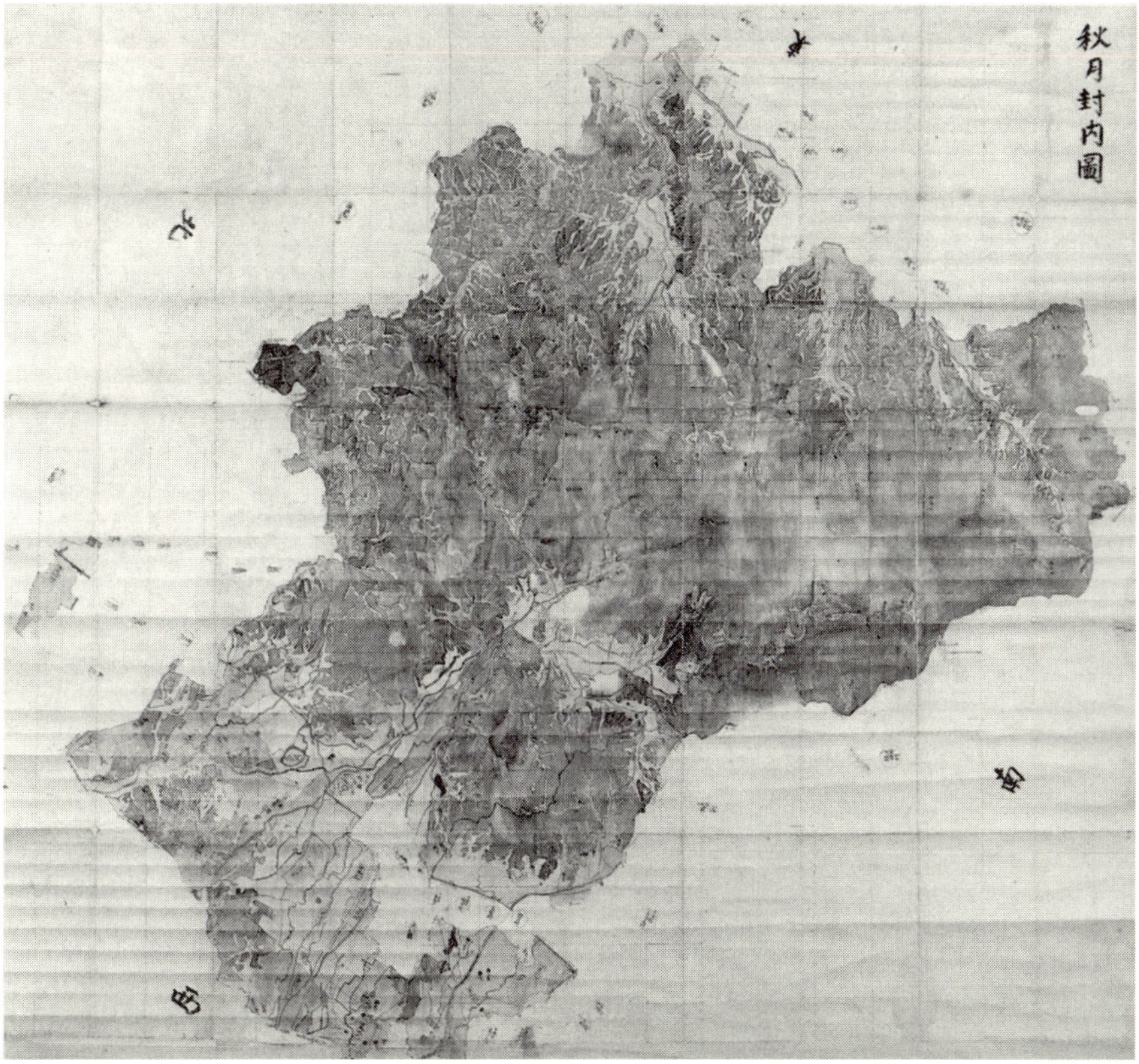

秋月封内図
（秋月郷土館蔵）

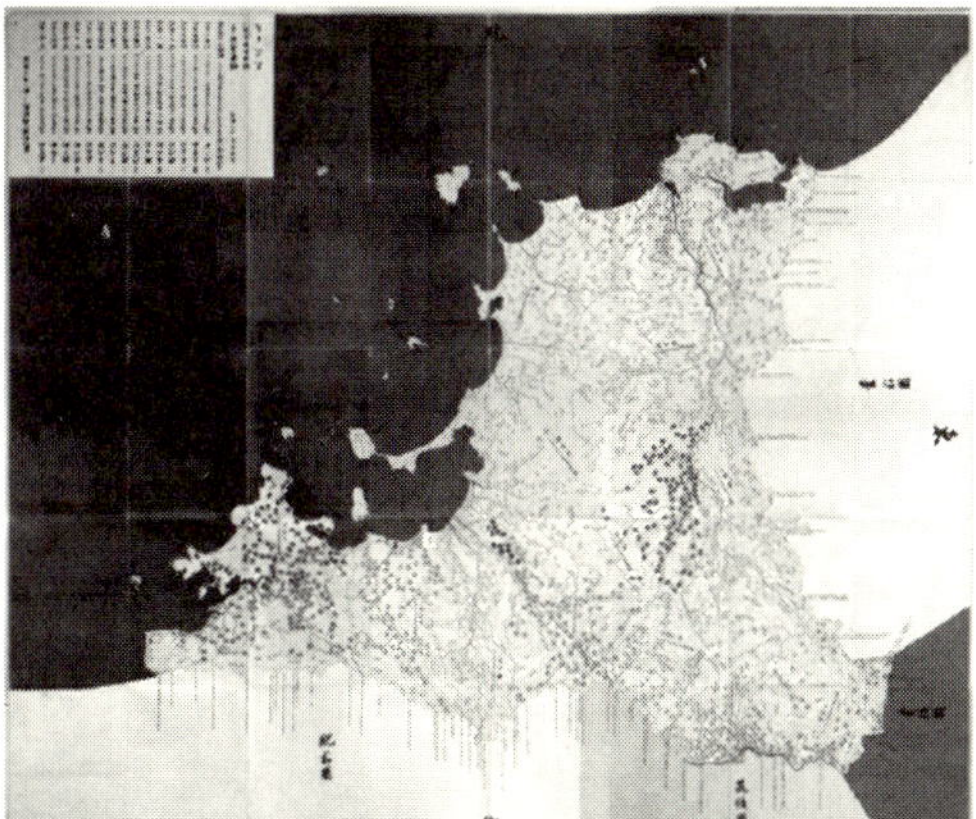

福岡藩領と秋月藩領図
（福岡市博物館蔵）

明治になって筑豊一帯に炭鉱が発見され、飯塚が中心都市として繁栄するが、飯塚から遠い嘉麻郡の人々は戦後も昭和二十年代終わりまでは、買い物に行くにも八丁越えを越えて秋月城下や朝倉最大の町、甘木へ出るのが普通だった。

家臣団と藩政の機構

新たな藩の誕生に合わせて家臣も必要で、福岡藩から家老堀正勝以下、家臣が配された。

秋月藩の家格　　　　藩士合計　三四八人
士分　馬廻、無足、組外　知行取り　四七人
卒　　陸士、目付等、足軽　鉄砲組七組　一六一人　昇組　二五人
　　　　　　　　　長柄組二組　一一五人

筆頭家老の堀正勝は黒田二十四騎の一人で、五千石を知行していて、家禄はそのままだった。もう一人の付家老田代半七が二千石で、その下は四百石以下だった。秋月家は小藩なので二百五十石以上の一二人を大身といった。

これら四七人の知行は合計七千七百九十七石となる。二人の家老分と合計して

秋月家臣知行目録
（秋月郷土館蔵）

も一万四千九百九十七石で、藩の石高の三〇パーセントだった。これは福岡藩の給地五八・二パーセントにくらべると、藩収入である蔵入り地が多かった。

また、寛永十一年（一六三四）、直属の家臣団以外に秋月藩独自に郷足軽を創設している。郷足軽は普段は農業に従事し、非常時には足軽として出陣した。

これは徳川幕府による相次ぐ外様潰しで、九州では小西行長、立花宗茂、毛利秀包、佐々成政、加藤忠弘、田中吉政などが改易となり、主を失った牢人が増え戦国の再来さえ考えられた不穏な世情を反映して取られた処置だろう。

藩士構成は時代が下がると変わり、文化十年（一八一三）では、知行取りの馬廻組が八〇人、無足組・組外一〇三人と士分が一八三人、卒は陸士・足軽小頭二一五人、足軽一〇五人、御側筒一八人の計三三八人で、士分が増えている。

藩組織

秋月藩の職制

勘解由に付ル知行取之帳

一 五千石 堀平右衛門正勝
一 二千石 田代半七
一 四百石 恵良太郎左衛門
一 三百石 井上九右衛門
一 三百石 野間与八
一 三百石 垂井瀬兵衛
一 三百石 酒井多左衛門
一 三百石 手塚小吉
一 三百石 細江三郎左衛門
一 三百石 小川多兵衛
一 三百石 畑源左衛門
一 二百五十石 梅津嘉介
一 二百石 馬場半右衛門
一 二百十二石 万代甚左衛門
一 二百石 戸波六兵衛
一 二百石 荻正兵衛
一 二百石 生田万助
一 二百石 高岡次郎助
一 二百石 吉岡六右衛門
一 二百石 角田六左衛門
一 百五十石 益田六左衛門
一 百五十石 益田与市
一 百五十石 益田多左衛門
一 百五十石 桑原九兵衛
一 百五十石 三木七左衛門
一 百五十石 臼井次郎右衛門
一 百五十石 磯与三左衛門
一 百五十石 梶原弥次兵衛
一 百五十石 原田金蔵
一 百五十石 斎藤杢之允
一 百三十五石 青木理兵衛
一 百三十石 斎藤段左衛門
一 百三十石 竹田角兵衛
一 百二十石 上田半兵衛
一 百十石 長浜善兵衛
一 百十石 伊勢田市左衛門
一 百石 松村五郎七
一 百石 岸仁兵衛
一 百石 正岡勝右衛門
一 百石 時枝作内
一 百石 岡村少左衛門
一 百石 正岡九左衛門
一 百石 山下吉六
一 百石 粟野七兵衛
一 百石 原田次右衛門
一 百石 村上多左衛門
一 百石 磯九郎左衛門

已上頭四拾七人
合一万四千九百九拾七石
元和九年閏八月二三日　忠之
堀平右衛門殿

家老	四人	三百石以上の馬廻から任ずる、月番一人が行政事務を総管
中老	五人	馬廻中、高禄の者から任ずる、家老次席として政務を執る
用役	二人	馬廻より任じ、勝手元総裁・主要政務に参与する
納戸役	一人	馬廻より任じ、藩庫の品々の管理
奥頭取	一人	馬廻より任じ、奥向き（藩主御用）の統率をする
供頭	二人	馬廻より任じ、藩主外出のさい、供頭となる
馬廻頭	二人	馬廻より任じ、馬廻を統率する
無足頭	二人	馬廻より任じ、無足を統率する
組外頭	二人	馬廻より任じ、組外を統率する
物頭	一〇人	馬廻より任じ、一人は御旗頭として足軽を統率する
目付頭	二人	藩主直属、馬廻より任じ、横目付を指揮して司法・警察を司り、重臣・士卒にいたる勤務状況・素行を藩主に報告した。また、御側筒頭を兼務した

行政機構

作事奉行	一人	馬廻・無足より任じ、普請を管掌、長柄頭を兼務
蔵奉行	四人	馬廻・無足より任じ、御蔵米を管掌、蔵屋敷は秋月・黒崎・博多・八反山（嘉麻郡臼井）にあって、黒崎の御蔵米は大坂に送った

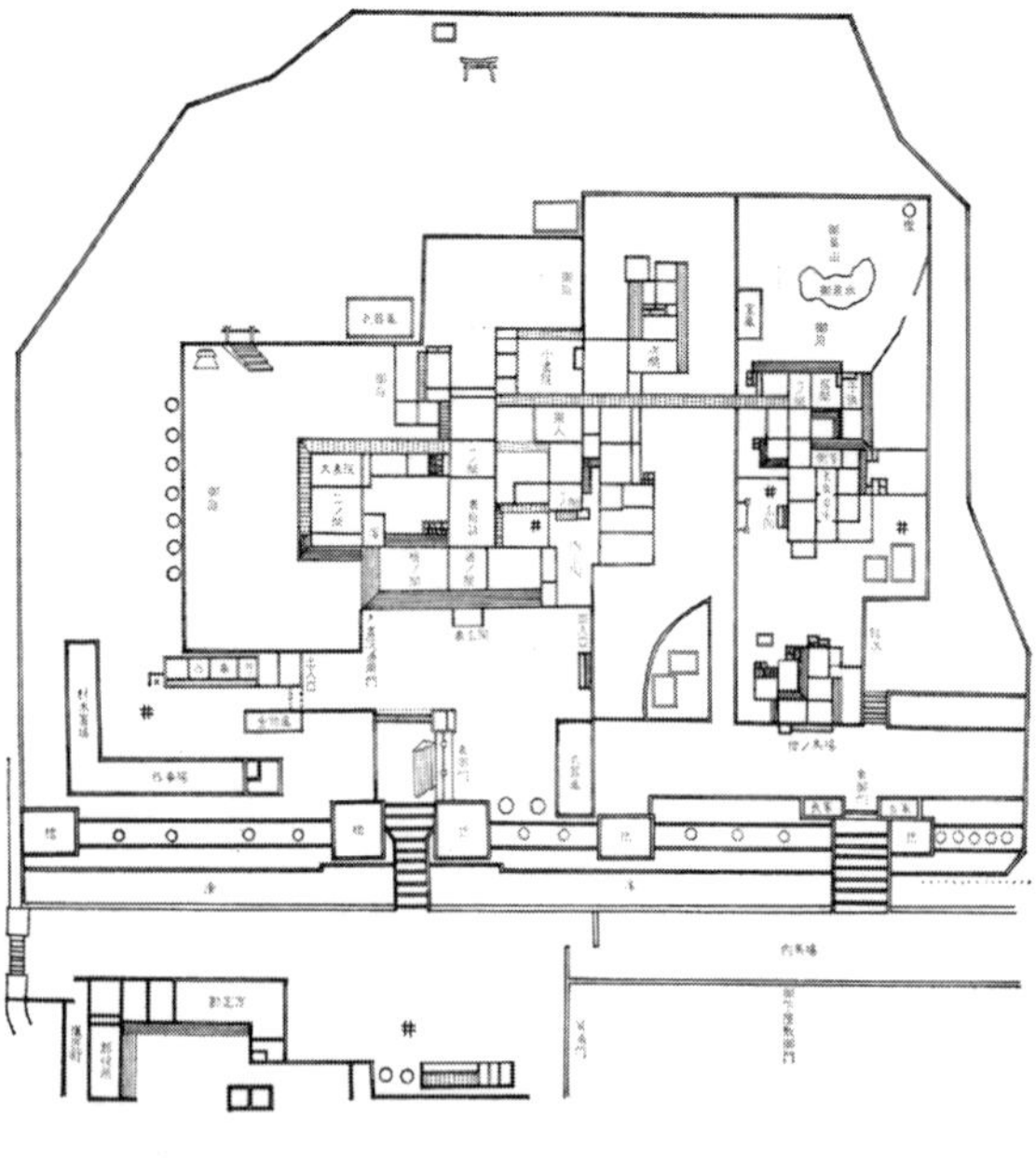

秋月館図（秋月郷土館蔵）

勘定奉行　二人　馬廻・無足より任じ、会計を管掌、弓頭を兼務
宗旨奉行　一人　馬廻より任じ、社寺を管掌、郡奉行の兼務が多かった
江戸藩邸　三人　構頭取一人、留守居役一人、定府足軽頭一人

城下町や農村の行政や司法は町奉行と郡奉行がそれぞれ役人を指揮して行った。

町奉行　一人　馬廻より任じ、城下町の行政を管掌
屋敷年貢、店運上を、町庄屋を通じて徴収した
町庄屋の代表「年行事　二人」を通じて町の行政を司った
乙名は各町にあり、町内の一切の世話ごとを行った
目明し　二人　警察を行った

郡奉行　二人　馬廻・無足より任じ、地方行政行を管掌、大筒頭を兼務
夜須・下座・嘉麻・穂波★の四郡の行政・司法を司った

秋月城址

▼穂波
寛永十年（一六三三）以降、領地の御内証替えで、穂波郡が一部繰り入れられた。

藩組織
（行政機構）

藩主
├ 目付頭
├ 家老 ― 江戸家老
└ 中老
　├ 作事奉行
　├ 勘定奉行
　├ 蔵奉行
　│　├ 町奉行
　│　└ 郡奉行
　├ 宗旨奉行
　└ 馬廻頭

長興が藩主として秋月入りし、家臣が完成したばかりの屋敷に移り住むと、それまで戦乱に荒れ果て一寒村となっていた秋月が再び城下町らしくなった。

しかし、人工的に新しくつくられた町なので町人町は少なかった。家中（武家）の人口は享和元年（一八〇一）が二六四七人で、秋月藩の総人口の一割になる。町家人口は一三六七人で、家中の約半分となる。

町家は札辻を中心に札辻から八丁口、札辻から湯の浦口の東西の通り、札辻から福岡口の南の道路の両側にあったが、北口は一帯が武家屋敷だった。町家の裏側は田んぼや草地が多かったというので、町家は少なかった。

一般に各藩の人口の二割が武家と町人で、秋月藩もこの年の人口総計は二万五六八三人なので、割合はほぼ変わらない。その内、家中と町人の対比は五・五対四・五ぐらいの割合なので、秋月藩では町人が少ない。これは消費母体の家中人口が少なく、それに合わせた商家であったことと、近くに福岡藩在郷町で最大の甘木宿があったからだろう。秋月藩成立の頃の城下は、ほぼ武家人口だったとみてよい。しかしその武家も三十年後の「慶安分限帳」では百石以上の家臣は七七名に増えているが、当初の家臣は二二名に過ぎない。『秋府譜士系譜』は「分知之節福岡より御付」「打入後福岡より差越」「長興公御代御抱」に分けている。「長興公御代御抱」の五一名は秋月藩の新規お抱えとなる。筑後田中吉政家牢人、

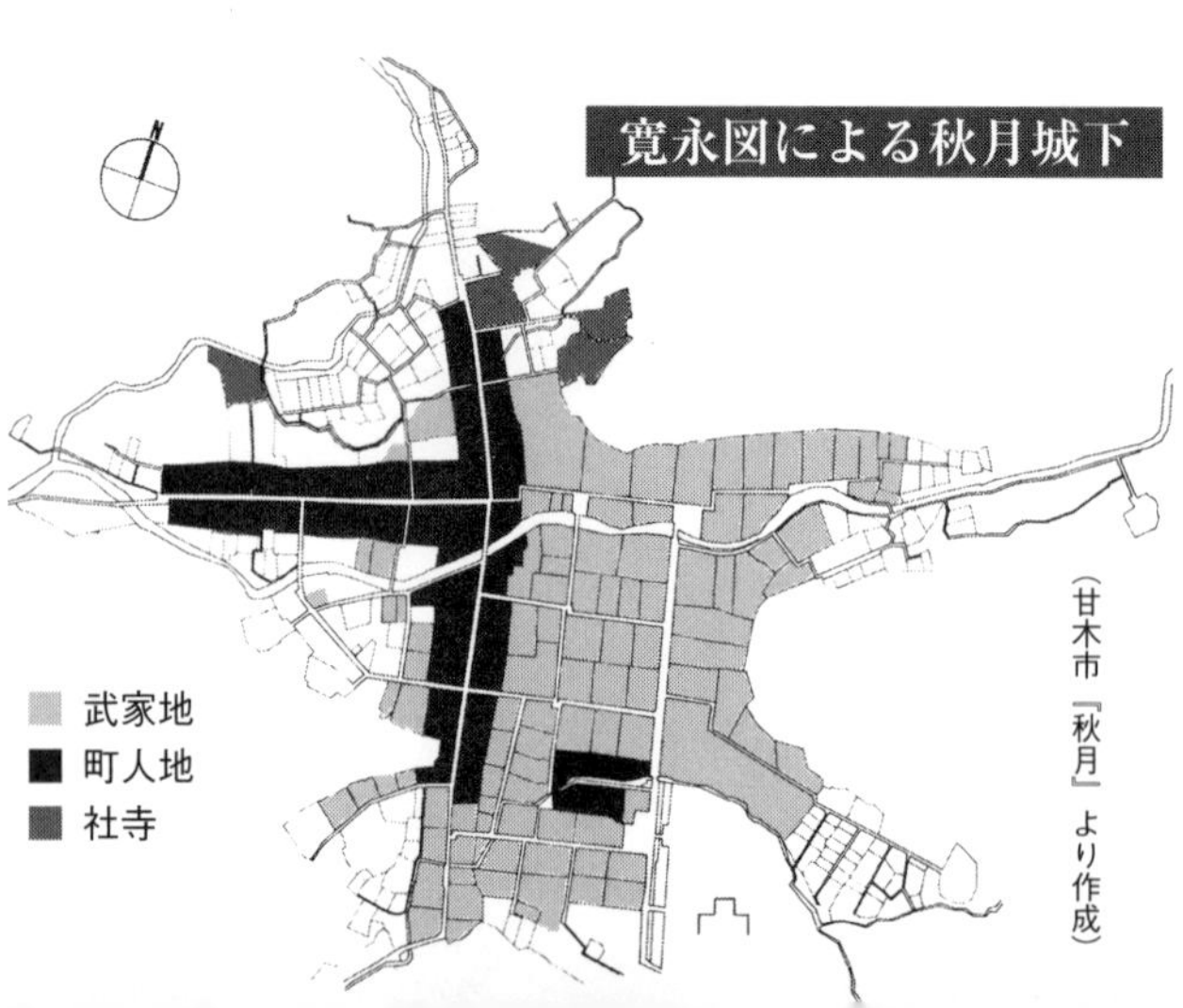

（甘木市『秋月』より作成）

加藤家の牢人、高鍋秋月家牢人、宇喜多秀家の牢人などで、これは初代家老堀正勝が進めた秋月家独自の家臣団づくりをその後も継承していることになる。

秋月藩の独立と家老の退国

長興が国入りした翌寛永二年（一六二五）正月、福岡から家老栗山利安、その子大膳、小河正直が秋月にきて、上府はならぬと忠之の命令を告げた。

「長政公御遺言之通勘解由様江秋月五万石を被進候上、江戸へ御登りなく、御国被成御座御休息候得との儀に候」

東蓮寺藩にも同様に伝えられ、従ったが、秋月藩家老堀正勝は反対した。

これに対して宗藩は懐柔策に出た。命令に従えば秋月藩を十万石とするというのである。しかし、堀はあくまで秋月藩独立を唱え、長興を奉じて、一三人の供連れで、福岡藩の警戒線をくぐって深夜密かに江戸へ潜行した。

寛永三年正月、将軍秀忠に拝謁し、寛永十一年に秀忠より五万石の朱印状が交付され独立藩を勝ち得た。独立のいきさつから宗藩との不和が続いたが、忠之の死後、三代光之との間で和睦がなった。

秋月藩の藩政は藩主が十四歳だったので、政務は家老の堀正勝と田代半七で行った。しかし、寛永元年、半七が婿の不始末に連座して御笠郡山口村に蟄居させ

堀正勝像
（福岡市博物館蔵）

られ、宗藩から菅主水が代わりの家老として秋月に入った。

一方、独立の沙汰を待って江戸にいた長興と堀に問題が生じた。

寛永四年、十八歳になり、政務もわかるようになった長興は専横が目立ち始めた堀の処置について、かねて懇意の久留米藩主有馬豊氏に相談した。そこで豊氏がいいきかせたが堀は聞かず、江戸から家臣ともども立ち退いて行ったのである。

「堀平右衛門儀、当夏以来色々物好み候て、万事仕置きをもつかまらず、引きこもり居り申し候。今月十六日の夜、立ち退き申し候。一人のみにあらず、新参の者、少々姓以下数多引き連れ退出いたし、町にこれある申し候」（『黒田御用記』）。

長興が三奈木黒田の福岡藩大老黒田美作に宛てた書状にはこのようにあった。

堀正勝の退国で、再度、家老が田代半七一人となったため、秋月藩は家老の派遣を宗藩に仰ぎ、寛永十一年に吉田斎之助興勝が家老に就任、次いで十三年に宮崎重昌が家老に就任して、三人体制となった。

宮崎は宗藩で二千五百石を領していたが、その所領を動かさずに、秋月藩の所領の内、下座郡の一部と引き換えたため、飛び地の甘木宿と宗藩の下座郡の一部がつながった。しかし、これは幕府に届けずに「御内《お》証替え」と呼ばれた。

新たな藩体制が整ったところで、長興も自ら藩政を見ている。その第一は国の経済を左右する農業の振興で、農民が安心して農業にまい進できねば、国の財政も潤わない。そこで城番家老に次のように説いた。

江戸藩邸門
（東京都稲城市のよみうりランドに現存）

秋月江戸藩邸

一、年貢を取り立てるさいは前年を参考に行い、農民が困らないようにする。
一、川や土手の手入れなどの苦役は、耕作に差し支えないようにせよ。
一、双子を生んだ者には補助を与える。また生活困窮で子どもの養育が困難な者には、詮議の上、米三俵、粟三俵を与える。捨て子は拾い親に養育させるが、養育が困難なものには米五俵、粟二俵を支給する。
一、生活困窮者にはお救いと称して米一俵、粟一俵を支給する。

このほか事業としては新八丁越えの開削、古処山の植林、野鳥川・小石原川の治水、山熊原《やまくまばる》や原地蔵の開拓を行った。新田の拡大によるコメや大豆などの増収策である。一方、独立藩は勝ち取ったものの、今度は独立藩として、幕府の諸藩への施策が秋月藩を苦しめた。参勤交代と手伝い普請である。

寛永六年、芝の筑後有馬屋敷の隣に屋敷地を拝領し、藩邸を建設した。参勤は慶長期から行われていたが、幕府は寛永十二年、武家諸法度によってこれを制度化した。しかし、この費用が歳出の五、六割を占め、藩財政を苦しめた。くわえて、さまざまな社会的な基盤づくりの普請（工事）が賦課された。長興の代には、寛永三年、大坂城普請、十二年、江戸城桜田鍛冶橋両所石垣普請、十四年、江戸城天守台普請、寛文二年（一六六二）、女院御所造営が課せられた。

元和９年（1623）秋月藩領域図

⬅御内証替え後の秋月藩領（穂波郡が一部領地になった）

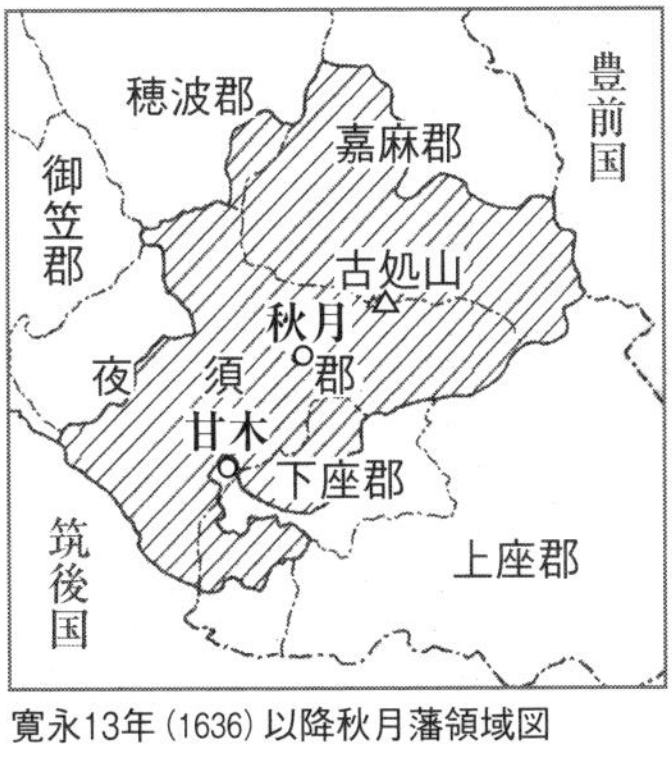

寛永13年（1636）以降秋月藩領域図

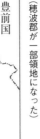

②

秋月藩二四八年の領内支配

独立は勝ち取ったものの、二代以降は幼い藩主が相次ぎ、藩政を執る家老の専横で藩政が乱れ、そのため宗藩の介入を受け、独立独歩の気概が失われ、士風は守旧的になっていった。

島原の乱と長興の出陣

寛永十四年（一六三七）十月二十五日、天下を揺るがす大事件が勃発した。

肥前島原で領主松倉勝家の圧政に堪えかねた農民が一揆をおこし、これに対岸の肥後天草の寺沢堅高の過酷な年貢に耐え兼ねた農民や小西行長・佐々成政・加藤忠弘の改易で家禄を失った牢人が合流、空前の大一揆となって、島原城を包囲したのである。島原も天草も前領主は敬虔なキリシタンで、宗徒を庇護したが、その後に就封した二人は過酷なキリシタン弾圧と非道な圧政で領民を苦しめた。

もとは一揆なのだが二人の領主は圧政を隠して、キリシタン蜂起と幕府に訴え出た。事態を重く見た幕府は十一月九日、板倉重昌を総大将とする鎮圧軍を派遣した。一揆勢はこのとき旧原城（長崎県島原市）に籠っていた。

島原一揆談話
（秋月郷土館蔵）

十二月五日、島原に着いた板倉は、早くも十日には攻撃を発した。
しかし、一揆勢には歴戦の猛者が多く、作戦も巧妙で幕府軍は死傷者を出すばかりだった。何しろ大坂夏の陣以来戦乱が絶え、すでに戦争を知らない者が多かったのである。なかなか一揆の鎮圧がならないことを憂えた幕府は老中松平信綱を派遣した。これを知った板倉は面目をかけて攻撃したが大敗に終わり、自らも戦死した。幕府にとっても非常事態となった。十五年一月十二日、幕府は江戸在府中の九州の大名に早々に帰国して出陣するよう命令した。

秋月藩の藩主黒田長興は、このとき二十八歳、前年に帰国していたが、宗藩の出陣命令を受け、一月十九日、二〇〇〇の兵を率いて秋月を発った。先陣・家老宮崎織部、中軍・藩主長興、後軍・家老吉田斎之助・同田代外記で、隊列は先頭が弥永の一里塚についても、最後部は秋月の勢溜《せどめ》にあったという。

秋月藩の藩士は士卒合わせて三五〇人ほどなので、これに二男三男の厄介をくわえても、せいぜい六～七〇〇人ほどと思われ、あとの一三〇〇人ほどは郷足軽、つまり農民兵である。記録によれば江川惣三郎率いた杣の里江川の郷筒隊（猟師）二〇人も、家老田代外記の下で出征し、武功をたてたとある（『江川』）。

幕府軍総大将の松平信綱は福岡藩大老黒田美作を軍議に招いて、作戦を尋ねた。美作は黒田二十四騎で知られた猛将だが、ここはいたずらな力押しは不利だとして、干殺《ひごろ》しを進言した。兵糧攻めである。そこで一二万を超える幕府軍は水も

黒田長興像
（秋月郷土館蔵）

島原の乱出陣図（部分）
（秋月郷土館蔵）

漏らさぬ包囲網を敷いた。一揆勢は三万である。兵糧を止められると弱い。二月二十七日、頃はよしと信綱は総攻撃を命じ、二十八日夜、旧原城は落城した。信綱は生き残った一万八六九人の老若男女の首をはね、城外にさらした。籠城者三万余の内、生き残りは、一揆側を裏切った者ただ一人だけだった。

しかし、幕府軍の損害も大きく、戦死一一〇〇人余、負傷者八〇〇〇人余となった。秋月藩の戦死者は三五人、負傷は三四五人だった。この数字は士卒の総数を上回るが、多くは郷足軽だったようだ。現在、秋月郷土館にある六曲一双の『島原陣図屏風』の「出陣図」「戦闘図」は天保八年（一八三七）、島原の乱二百年を記念して画かれたものだという。

太平の時代に新しくできた秋月藩には「もののふ」として誇るべき「つわもの」として歴史がない。島原の乱の出陣は「もののふ」として唯一後世に残せる秋月藩士の誇りをのこす歴史遺産となった。

寛文五年（一六六五）、長興は病を得て死去した。五十六歳だった。長興は二男五女があった。嫡子は死去し、二男の長重が二代藩主となった。

相次ぐ幼い藩主と藩政の動揺

二代藩主長重《ながしげ》が寛文五年（一六六五）、長興の死後、藩主となったのはわずか七

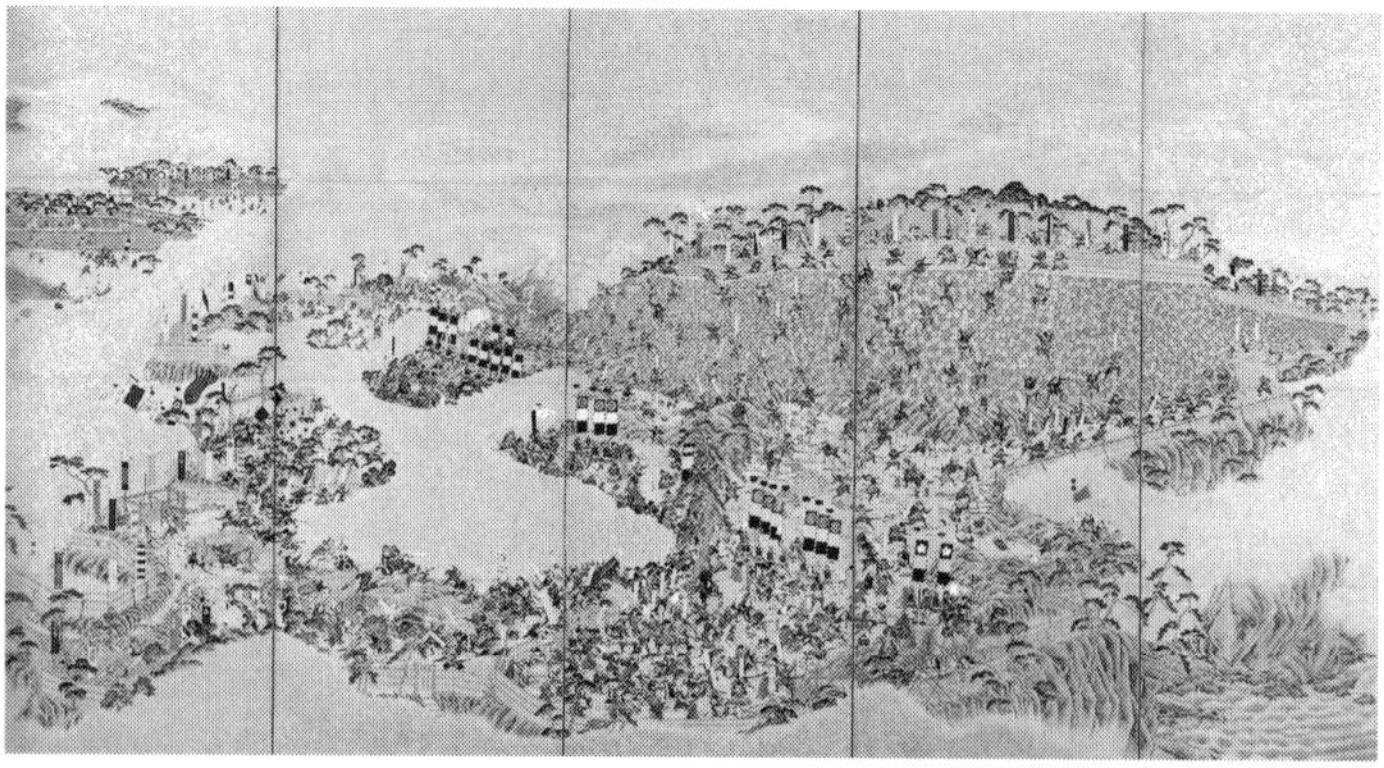

島原の陣図
（秋月郷土館蔵）

歳だった。長重は江戸に住み、初めて国入りしたのは延宝六年（一六七八）四月で、二十歳だった。国入りは遅かったが長重の在位は四十五年に及んでいる。長重は五十二歳で死去した。

三代藩主長軌《ながのり》は宝永七年（一七一〇）十月、父の死去を受けて藩主となった。しかし、五年後の正徳五年（一七一五）十月に病を得て三十三歳で死去した。藩主の座にあったのはわずか四年だった。長軌には子がなく、藩主の一族が相談し、長重の孫で福岡藩の加藤一太夫を四代藩主に迎え、長貞《ながさだ》と名乗らせた。

四代藩主長貞は享保三年（一七一八）、二十五歳で初めて国入りした。

長貞は長命で在位も四十年に及び、六十一歳で亡くなった。藩主の中では二代長重の四十五年に次いで在位期間が長かった。

五代藩主長邦《ながくに》は宝暦四年（一七五四）九月、長貞が死去し、嫡男長邦が藩主となった。ところが長邦は八年後の宝暦十二年二月、四十一歳で死去した。

六代藩主長恵《ながよし》は九歳で藩主となった。長恵の初入国は十年後の十九歳だったが、二年後の安永三年（一七七四）九月、二十一歳で死去した。長恵は独身で子がなく、長邦の孫の山崎堅（八歳、六歳ともあり）が藩主となった。

七代藩主長堅《ながかた》は将軍に拝謁しないまま天明四年（一七八四）二月、十八歳で死去した。このとき秋月藩は長堅の死を隠して、世継ぎ選びに奔走した。

「これには長堅の死を機に秋月藩を廃して本藩に吸収しようとする動きがあり、

秋月城門

秋月武家町

秋月藩は老中に運動して、その阻止に努めていたからだという。しかし、この運動費で莫大な金銀を費やし、藩財政の窮乏を招く一因となった」（『甘木市史』）。

世継ぎ選びは一年を要した。翌天明五年二月、重病のために長堅の退身願いを出し、三月十三日、日向高鍋藩秋月佐渡守の二男幸三郎を世継ぎに迎えることを幕府に願い出た。幸三郎の父の母が五代長邦の娘で、幸三郎は曾孫になる。

三月十八日、幸三郎は八代藩主長舒《ながのぶ》と名乗り、六月十六日、秋月に入った。長舒の叔父は名君と名が高かった米沢藩主上杉鷹山（治憲）である。

秋月と日向高鍋の距離はもちろん、上杉鷹山の東北の米沢にいたっては、日向との間にどのような方法で養子縁組をなしたのだろうかとふしぎに思われるかもしれないが、江戸時代は諸大名の妻子は江戸に住み、参勤で藩主も江戸に滞在していて、養子縁組は里がどんなに遠方であろうとも容易だったのである。

しかし、運命のいたずらか、この代において、秋月種実が秋月を追われて百九十八年後に、悲願の故郷の秋月に秋月本流の血が還ることになった。

一方、秋月領を襲った黒田家は六代継高を最後に直系は絶えていたのである。高鍋の秋月宗家は、いまさらながらに感慨深かったに違いない。

このように秋月藩は幼い藩主や養子が相次ぎ、それに乗じて宗藩が藩政に介入し、家老を送り込むなどして、藩政に混乱を招いた。

寛永十三年（一六三六）、宮崎藤右衛門重昌が宗藩から家老入りして、秋月家の

杉馬場

家老は、田代・吉田・宮崎家が務めるようになった。しかし、貞享元年、（一六八四）十二月、田代六郎兵衛が「御意に応ぜざる儀これあり」として家老を罷免され、宗藩へ差し戻された。このとき吉田斎宮興起は幼少で、家老は宮崎市右衛門重常一人となり、宗藩から竹中与衛門重次が遣わされた。五年後、吉田斎宮が十六歳になると、竹中は宗藩へ戻された。家老はまたも二人になったため、馬廻から渡辺半左衛門直樹が七百五十石に加増され、家老となった。享保八年（一七二三）、子の勝太夫が家督を相続したさい、勝太夫は減禄を申し出て四百石となったが、寛保四年（一七四四）、長貞の代に百石を加増され、家老を命じられて、以降、家老は吉田・宮崎・渡辺家が代々務めることになった。

秋月黒田、上杉、高鍋秋月の姻戚関係

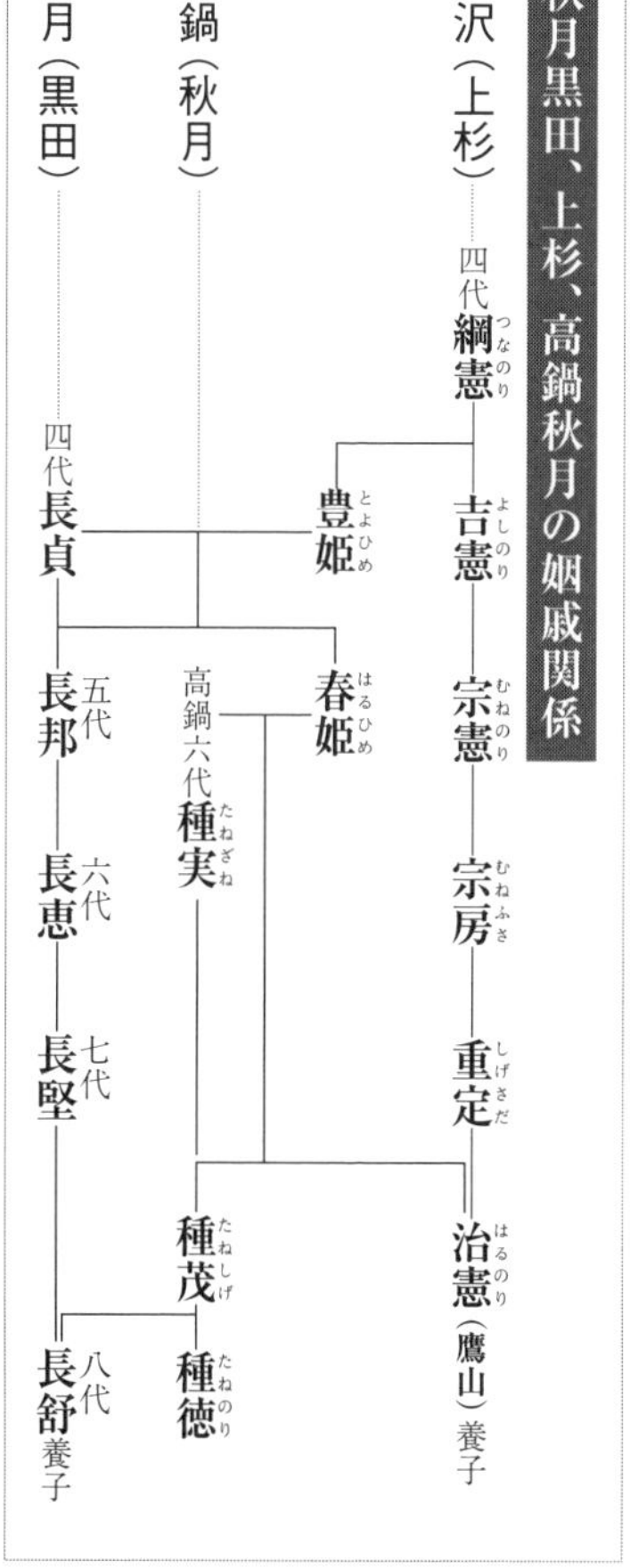

上杉鷹山
（米沢市上杉博物館蔵）

秋月藩中興の祖八代長舒

八代藩主となった長舒《ながのぶ》を待っていたのは藩士の期待と試練だった。天明五年（一七八五）六月、長舒は長崎警備に赴いた。長崎警備は宗藩の任務だったが、藩主斉隆《なりたか》は幼く、代わって長崎警備に赴くことが条件になっていた。実は、斉隆は将軍家斉の弟で、幕府と宗藩が長舒の襲封を認める条件としていたのである。

長崎警備は家臣の負担と経済的な負担を強いたが、秋月では得られない異国の文化だけでなく、世界の先端の科学知識や学問を直接得る機会となった。

一方、宝暦～天明期（一七五一～八九）は気候不順で天災や厄病が相次いだ。その間には天明三年の浅間山の大噴火で、噴煙が列島を覆い、何年もの間、日照を遮る事態となったため、作物が育たず、未曽有の飢饉となり、全国の餓死者は数十万に及んだ。米価は暴騰し、天明六年には五月の端境期に、飢えた人々が米を求めて全国的に打ちこわしが起きた。

秋月でも五月十一日に、上秋月の綿・油商宇七方が襲われ、湯浦口の綿屋太平、油屋小平方が狙われたが役人が駆けつけ未遂に終わった。甘木宿では八軒ほどの豪商が打ちこわしにあっている。秋月藩は飢饉対策の費用で財政がさらに窮した。

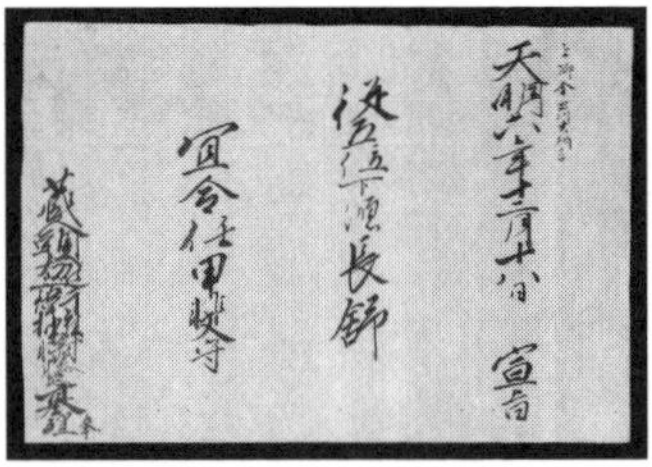

官位官名授与
（秋月郷土館蔵）

天明三年（1783）の浅間山大噴火

長舒は地蔵原の開拓や換金作物を奨励した。

また洪水のたびに流されて難儀していた橋を石造りに架け替え、目鏡橋として現在まで残っている。

長舒が八代藩主に就封して気づいたのは、尚武の藩と聞いていたにしては、藩士に覇気がないことだった。長年、宗藩からの天下り家老がつづき、何事も宗藩のやり方を踏襲し、その上、藩財政の疲弊は藩士の生活困窮を招いて、退廃的になっていた。そこで長舒は「国づくりは人づくり」と、原古処など少壮の学者を抜擢して藩校稽古観を充実させ、藩士に勉学を奨励し、規律を求めた。

長舒が抜擢した原古処は荻生徂徠派の亀井南冥の実学である。宗藩の儒者南冥の甘棠館《かんとうかん》は、実学の発展が封建秩序の崩壊を促すことを恐れた幕府の「朱子学一尊」により閉鎖されたが、長舒は財政再建を考える立場からこれを奨励した。封建秩序を訴える精神論の朱子学では困難な時代はやっていけないのである。

実学に学ぶ知恵と創造こそが新しい時代をつくる人材づくりの基礎となった。

文化三年（一八〇六）には、南冥の『論語語由』を江戸で出版して、南冥を励ましている。一方、長崎警備は引きつづき務めた。

これは宗藩の斉隆が寛政七年（一七九五）に急死し、世継ぎの長清が幼少であったため、再び努めざるを得なかったのである。この長清には、斉隆の子は娘で、長舒の側室に生まれていた男児とすり替えたという異説もある。

天災が相次ぐ苦境の中、文化四年、長崎の帰途発病し、十月十六日、長舒は死去した。享年四十三だった。秋月藩中興の祖と言われた長舒だが、その治政は二十二年にすぎず、その事績は中途に終わったことはいなめない。この年は長崎警備の年だったため喪を伏せ、翌年四月嫡男長韶《ながつぐ》が九代藩主となった。

文化五年十一月、長崎で大事件が起きた。英国軍艦フェートン号がオランダ船を装って長崎に侵入、出迎えたオランダ商館員を人質に開港を要求した。長崎警備の佐賀藩は英艦の横暴を差し止めることができなかった。

「この冬、イギリス渡り、長崎大騒動なり。御国誤りありて殿様御逼塞。国中百ヶ日が間、戸閉かり、明春三月三日に戸開け、まことに前代未聞のことなり。上使切腹、当国の諸士牢人あるいは切腹あり。公儀へ飛脚おびただし」

佐賀藩主鍋島斉直は逼塞を命じられ、長崎警備番頭の千葉三郎右衛門、蒲原次右衛門は切腹を命じられたのである（『鍋島直正公伝』）。

参勤途上の長韶は周防呼坂宿（山口県周南市熊毛町）で、早馬を受け、佐賀藩に代わって長崎警備を命じられ、急ぎ帰国して閏十二月長崎へ発った。翌六年は当番年で、七年は台場が完成し、その巡視のために赴いた。

文化三年（一八〇六）九月二十五日、秋月城下で火事が発生、武家屋敷七四軒、町家五三軒、農家三六軒を焼失するという大火になった。

この再建に大坂からの借金銀一四〇〇貫を要し、財政窮乏に追いうちをかけた。

フェートン号
（長崎歴史博物館蔵）

長崎港図
（神戸市立博物館蔵）

③ 権力の腐敗と藩政の混乱

秋月藩の家老による治政は、功罪相半ばということばにつきる。
家老は、それぞれ初めは藩政改革や財政再建に功があったが
その後は権力に溺れて腐敗するということが相次いだ。

織部崩れ

文化八年（一八一一）七月、家老宮崎織部を中心に財政改革を図る決意がなされた。その三カ月後の十一月一日、間《あいだ》小四郎、手塚安太夫、末松佐内ら七人が宗藩へ「御政道取り計らいよろしからず」と、渡辺帯刀、宮崎織部の両家老を訴え出た。

「御変動之次第・吉田主水筆記」によれば、事の次第は次のようだった。

「御家老宮崎織部、頃年我がままを働き、君上を蔑如し奉り、御家中の諸士を苦しめ、我に依頼する者を愛し、我に諂わぬ正直の士はこれを悪み、一体御政治事の上私多く、衣食住の奢り目を驚かし、その上女色を愛し、内行よろしからず。諸士表は屈服いたし候えども、内実はことのほか悪み申し候。また、渡辺帯刀

も御家老にて、数十年御勝手向頭取受け持ち、これも依頼を事とし、御財用の儀、同腹中の面々申し合わせ私多く、君家の御借財も夥しく相畳まり、御身上必至とあそばされたる儀に相成り、その上自家の財用も君家の御財用に混じ、猥りがわしき事多し。且つまた同人儀、御銀用にて大坂御留り中、遊所に通い、新町七越と申す遊女に馴れ染め、下国以後親類中異見も聞き入れず、様々手段を使って七越を呼び下し、切残の別業に召し置き、その後、男子一人出生いたし候。

右両人の所行言語絶し候」

このとき藩主長韶が福岡に出向いているときを狙って訴え出たもので、宗藩から知らされた長韶は、藩の存亡にも発展する大事であり、直ちに秋月に上使をたて、宮崎・渡辺及び申し立てた間ら七人に逼塞を命じ、翌二日に秋月に戻った。三日、宗藩から家老浦上四郎太夫が大目付、御側筒頭、十人目付らを従え秋月にきて、申し立ての取り調べを始めた。その上で、十二月九日、両家老に処罰が言い渡された。織部は家老罷免の上、知行召し上げ、身分は福岡へ差し返され、子の藤右衛門も家老職分を罷免され、やはり福岡へ差し返された。

帯刀は家老罷免の上、知行八百石のうち五百石を召し上げ、子の半之助の知行地に蟄居となった。子の半之助は、家督は安堵したものの家老格から馬廻に落とされた。そのほか用人二名、郡奉行一名、目付頭一名、勘定奉行二名などが処罰されている。ところがその二年後、宮崎、渡辺は「文化八年の処罰」は不当であ

織部は稽古観の設立や目鏡橋の建設に力を尽くした

ると投げ文したが、これに対し、藩は言語道断と苛烈に処分した。
宮崎親子、渡辺親子は大島などに流罪、他に四人が流罪、御暇が四人、獄門がが一人となっている。一方、間ら七人は「一時逼塞」を命じられたが、その後、二十石の加増を受けた。この政変は「織部崩れ」といわれた。実はこの七人は長韶の部屋住み時代の側近だったのである。

文政十三年（一八三〇）十月、長韶が隠居し、五月に土佐藩から養子に迎えていた長元に藩主の座を譲り、長元が十代藩主となった。

間小四郎の流罪

ところがこの政変はこれでは終わらなかった。織部崩れで藩政の主流となって郡奉行・町奉行・用人と駆けのぼり、その後は隠居して餘楽斎と号して、余生を楽しんでいた間小四郎が弘化二年（一八四五）六月六日、捕えられた。

同日、家老の伊藤吉右衛門、吉田縫殿助が逼塞を受け、のち家老を罷免された。九日には組外頭渡辺内蔵士、鉄砲頭吉田右馬允・吉田喜内、馬廻新座吉田第八・間半兵衛・井上三弥・白石蔵太、次いで十日、坂田弟蔵が職分取り上げや役儀取り上げ、蟄居などの処分を受けた。十六日には餘楽斎は玄海島へ流罪となり、十七日には間の子幾之進が三箇山村へ蟄居を命じられた。

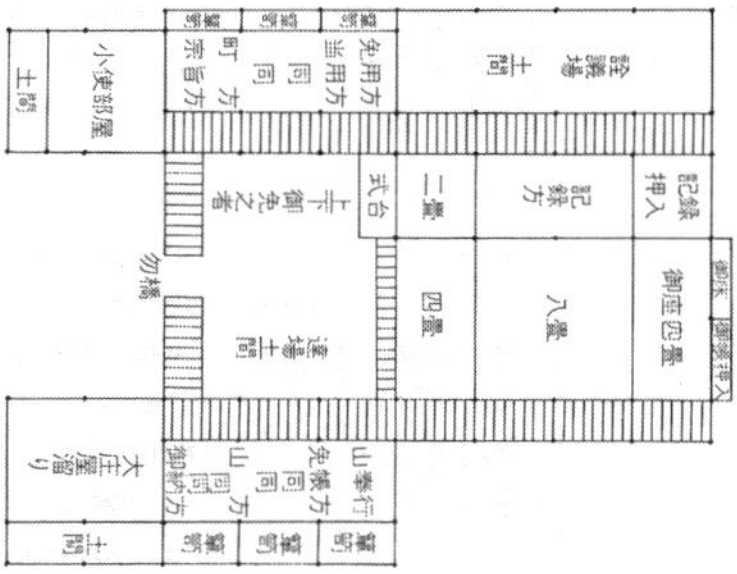

郡方役所
（『甘木市史』）

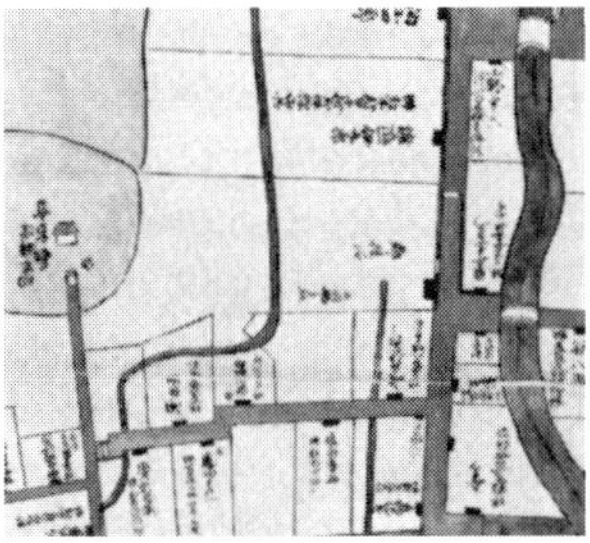
郡役所
（『甘木市史』）

電撃的な処罰に城下は激震した。

三十四年前の「織部崩れ」を知る者は、その再来を感じて背筋を凍らした。「織部崩れ」で門閥家老政治は打破され、事件以降人材の門戸が開かれたが、間は「織部崩れ」以降、郡奉行として財政再建に尽くしながらも身分はせいぜい奉行止まりで、家老まで登った伊藤吉左衛門（惣兵衛）と異なり、藩政立て直しの立役者として、藩内に好感をもたれていたが、その裏では藩政を動かし、隠居後も隠然たる影響力を保持していた。今回の電撃的な処分は、十代藩主長元を廃して、吉田縫殿助（家老）を藩主に擁立しようとした。また、「近年間餘楽若人之面面々そそのかし、縫殿助へ申し込み、当時御取用いの御用人の進退のことを謀り候由に風説候。福岡にも同意の面々もこれ或ように風説、野田勘之允なども相談に加わり候風説」（『木付要人日記』）とあり、隠居と言いながら藩政をわがものにするために、藩役人の人事を握ろうとしていたのである。

この政変の処罰に乗り出したのが宗藩の藩主黒田長溥《ながひろ》だったことからしても、宗藩を巻き込む大疑獄となった。織部崩れで、藩幹部の不正を暴いた正義の青年たちも、自分たちが権力を握ると、また、権力という魔物に犯され道を失ったのである。権力は腐敗するということばがそのまま当てはまるあわれな所業だった。

直木賞作家葉室麟氏は、間小四郎らを主人公に『秋月記』を書いている。

女男石。間は野鳥川や小石原川の改修に努め、氾濫による被害を防ぎ、農政や藩財政改革に尽くしている

第三章 秋月藩の文化と人物

八代藩主長舒の文治策によって秋月文化が一挙に花開いた。

秋月藩需 原古

1

筑前文化秋月にあり

名君上杉鷹山を叔父にもつ長舒は、藩政改革は人材育成にありと藩校稽古観を充実させ、学問は実学に置いた。名君長舒を得て、筑前文化は秋月にありと全国に鳴り響いた。

八代長舒と秋月文化の興隆

天明五年（一七八五）、長舒《ながのぶ》が八代藩主に襲封したときは天明の大飢饉の後で、領内は疲弊し、人心は荒廃していた。長舒は日向高鍋藩秋月氏の出で、叔父は米沢藩中興の祖、名君上杉鷹山である。叔父を尊敬していた長舒は文治にその治政をおいて、藩政改革においては人材の育成のために学問の振興が重要だと考えていた。このような長舒を受け入れるにあたり、秋月藩は前年に藩校稽古観の大拡張を行っていた。長舒は襲封すると宗藩から徂徠派の亀井南冥、朱子学の安井三蔵、奥山弘道、真藤世範、そして京都から山崎派の小川晋斎を招いて学問振興を図ったが、長舒は実学に関心が高く、南冥を師として遇し、秋月藩は南冥門下の四天王といわれた原古処もいて、南冥派の学問が主流を占めていた。

亀井南冥
（能古博物館蔵）

この頃、諸藩の財政は窮迫し、藩政改革が求められる中で、荻生徂徠派の実学がもてはやされていた。この中から目鏡橋建築の構造計算を為した佐藤則敏、精密な測量で「秋月封内図」を完成した土井正就《まさなり》・大蔵種周《たねちか》などの人材を輩出した。

寛政二年（一七九〇）、幕政改革にあたっていた老中松平定信は実学の興隆は幕藩体制を揺るがすものとして「寛政異学の禁」を発布し、封建制を説く「朱子学一尊」とした。藩士に対する教育は朱子学に限り、その他の学問を禁じた。

宗藩では天明四年、東西両学問所が開かれ、東学は修猷館《しゅうゆう》（貝原益軒・竹田定良）、西学は甘棠館（亀井南冥）といい、とくに甘棠館は評価が高かった。ところが幕府の禁例が出ると西学館は閉鎖され、南冥は退隠幽居に追い込まれた。

寛政五年五月二十三日、長舒は家老宮崎織部を遣わして南冥の不遇を慰めている。また、家老の渡辺帯刀や門人の原古処も度々書でもって慰めた。このような秋月藩挙げての励ましもあり、南冥は福岡藩の弾圧と苦境の中で『論語語由』全二〇巻を完成させた。

文化三年（一八〇六）三月、秋月藩は大宰府で書画会を催し、秋月藩の文化水準の高さを知らしめた。出品者には長舒・長房親子に、諸子・側室の作品もあり、長舒は苦境にあった亀井南冥と原古処を書画会場に招いている。

また長舒は、この年、南冥の嫡男昭陽を参勤に伴い、江戸遊学を果たさせた。

そしてその江戸で『論語語由』二〇巻を昭陽に一〇冊に編集させ、自ら序文を

『論語語由』
（秋月郷土館蔵）

黒田長舒画
（秋月郷土館蔵）

書いて一〇〇両を投じて出版した。しかし、翌四年、長舒が長崎警備の帰途、病に倒れ、同年、秋月の大火で稽古観を失い、秋月文化は衰退した。

秋月藩儒原古処

原古処《こしょ》は元は手塚震平といい、明和四年（一七六七）九月二十九日、無足三人扶持十二石の手塚甚兵衛の二男に生まれた。長じて藩儒原坦斎の門に学んだ。

天明二年（一七八二）、十六歳のとき、師の原に見込まれ養子となった。古処十八歳のとき、宗藩の藩儒亀井南冥の甘棠館に学び、南冥門下の四天王と評された。秋月に戻ると養父の跡を継いで藩校稽古観の訓導となった。寛政十二年（一八〇〇）、教授の小川晋斎が帰京すると古処が教授となった。小川は四書・五経・近思録のほかの学問は必要がないという、幕府の朱子学奨励に沿ったものだったが、古処は徂徠派の南冥による実学を重んじた。これには実学を重んじる藩主長舒の支持があったことはいうまでもない。経世学でもある実学は疲弊した諸藩の財政改革に重用されていたからである。一方、実学の興隆が幕藩体制を揺るがすとの幕府の危機感があり、「寛政異学の禁」を布告し、朱子学以外の学問を禁止した。宗藩ではすでに亀井南冥の甘棠館が閉鎖され、南冥は退隠幽居を言い渡されていた。寛政五年、弾圧と苦境の中、南冥は『論語語由』を完成した。

原家詩集
（秋月郷土館蔵）

原古処
（秋月郷土館蔵）

長舒はこれを江戸で出版し、志を同じくする諸侯に配った。

文化三年（一八〇六）九月二十五日、秋月城下は大火に見舞われ稽古観を焼失した。しかも十月、長舒は長崎警備の帰途、病に仆《たお》れた。跡を継いだ九代長韶も学を奨励して、古処を重用、無足組から百石馬廻に昇進させ、文化七年には納戸頭を申し付けている。文化七年、学館をようやく再建し、稽古館となったが、悲運が古処を襲った。

文化八年、藩政を司ってきた宮崎織部が突然、宗藩へ呼び戻されたのである。いわゆる「織部崩れ」で藩政が揺れた。翌九年六月二十六日、江戸にいた古処は突然「思召にかなわず」と役目を解かれた。その上、国許では稽古館も閉鎖されたのである。しかし、古処は実学者らしく事態を前向きにとらえ、願い出て藩邸の一室を借り、江戸の文人墨客と交流した。滞在一年、帰途は中山道から京畿、山陽の名所を巡り、各地で文化人らと交流し、秋月に戻った。

稽古館は文化十三年に再開された。が、その教学は朱子学一辺倒で、古処の再任はなかった。古処四十七歳、気力もその学術も脂がのってきたところだが、あえて私塾も開かなかった。ただ、甘木町に「天城誌社」を開いて、地方の文化育成に後身を傾けた。そして自ら「東西南北人」と号し、旅をした。

東西南北は師の亀井南冥が自由な旅人足らんことを願って用いた印で、南冥の嫡男昭陽から託されたものだった。古処の旅遊は師の夢をかなえるものでもあっ

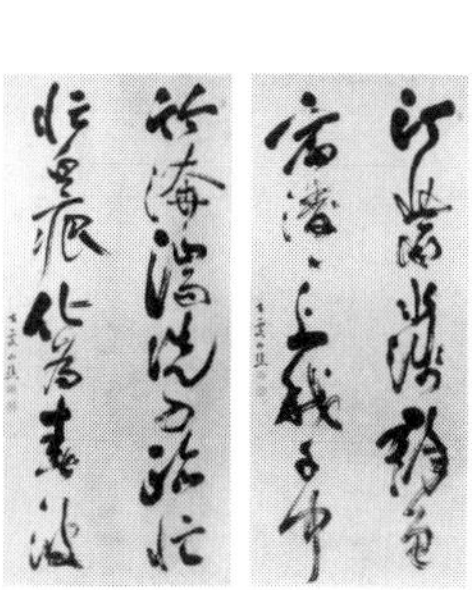
原古処書
（秋月郷土館蔵）

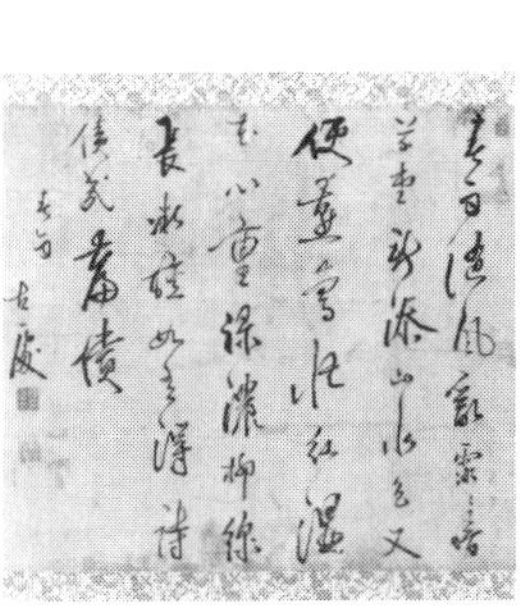
原古処詩
（秋月郷土館蔵）

たのである。旅には妻雪（瑤池《ようち》）、娘の猷《ゆう》（菜蘋《さいひん》）や二男瑾治郎（鳩巣）を伴った。

旅は十年にわたったが、文政十年（一八二七）正月、六十一歳で死去した。

「婦唱夫随」の貝原東軒

「知の巨人」といわれた福岡藩儒貝原益軒を支えた妻東軒は秋月の女《ひと》だった。

東軒は江崎初といい、藩士江崎広道の娘で、承応元年（一六五二）に生まれた。貝原益軒が藩の招きで秋月を訪れたさい江崎と知己になり、息女の初を見初め、寛文八年（一六六八）、初は益軒の妻となった。益軒三十九歳、初十七歳だった。夫妻は相性がいいというのか、歳の差を忘れるように夫婦の仲はよかった。

初は歌を詠んだが、書もよくし、「その写すところ高く天朝に達し」というほどで、また「女の仮名書に巧みな者は多いが、真字をかくまで書く者は珍しい」という書家でもあり、漢字それも楷書が巧みだった。

益軒は『黒田家譜』『筑前国続風土記』『大和本草』『養生訓』『慎思録』など、歴史、紀行、詩歌、人生訓、健康など生涯に膨大な著作を残したが、その代筆の多くは妻の東軒の手によった。東軒は書だけでなく文も巧みで、益軒作といわれる『女大学』は、実は東軒の作ではないかともいわれている。

東軒の歌の才能について、ある日、東軒が庭先でちしゃを摘んでいると、

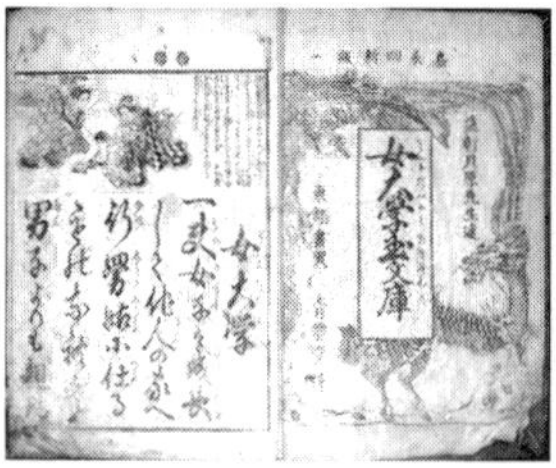
『女大学』

貝原益軒像

ちしゃとはだれが名づけそめけん
と縁側から益軒が声をかけた。東軒はちしゃを摘みながら、即妙に歌った。
ただ人に知るのみなればいかにして

益軒は当時では珍しく夫婦で旅をした。旅は江戸や京都に及び、各地で地域の文化人と交流し吟行する風流な旅だった。正徳三年（一七一三）、東軒六十二歳、病を得、十二月二十六日、益軒に惜しまれながら逝った。その益軒は悲しみからだろうか、翌年八月二十七日、東軒の後を追うように逝った。八十五歳だった。

漂泊の詩人原菜蘋

菜蘋《さいひん》は原古処の愛娘で猷《ゆう》といい、寛政十年（一七九八）に生まれた。早くから父に師事し、その天稟《りん》の才が磨かれ、塾生に菜蘋様と敬われた。菜蘋には縁談があったらしいが、古処の溺愛だったのか結婚しなかった。文政八年（一八二五）、古処は菜蘋の才が辺境に埋もれることを惜しんで、菜蘋二十八歳のとき江戸遊学に上らせた。そして愛娘の壮途に「名無くして故郷に入るを許さず」と題した一詩を贈っている。翌九年、上府の途中、京都に滞在していた菜蘋は「父病む」の報を受け、帰国したが翌十年一月二十二日、古処が六十一歳で逝くと、法要を済ませた後、六月三日、秋月を出た。

原菜蘋像

九月十三日、安芸の広島の春曦楼《しゅんぎろう》で開かれた観月雅会はあいにく曇りで月がなかったが、菜蘋の漢詩は一座に感動を与え、その名を高らしめた。

　水烟漠々望んで分ち難し　月只関山笛裏に聞く
　吾に剪刀有り磨いて未だ試みず　君が為に一割せん雨余の雲

各地で交流と吟行しながら菜蘋が江戸に着いたのは翌十一年の暮れだった。菜蘋は松崎慊堂《けんどう》の世話で浅草阿部川町称念寺に住まいを求め、以来二十年を江戸で作詩研究にすごした。嘉永元年（一八四八）、母の病を聞いて急ぎ秋月に戻った菜蘋は看病に尽くし、母の病が癒えると筑前山家駅（宿場町）に移って、宜宜《ぎぎ》堂《どう》を開いた。

嘉永五年六月十二日、母が亡くなると三年の喪に服した。この頃から菜蘋は黒髪を切り、後ろで短く束ねて男装して日を送るようになった。

安政六年（一八五九）、菜蘋は父の詩集出版を後半生の仕事と思い立ち、山家の里に春の兆しが見えた二月、草堂をたたんで江戸へ旅立った。

山家を出るとすぐ長崎街道一の難所、峻険な坂道が続く冷水峠である。

一歩一歩踏みしめる道は、今度の旅が最後の旅になるやも知れぬことを思わせた。上府といえども詩人の菜蘋の旅は行く先々での吟行と、各地の文化人との交

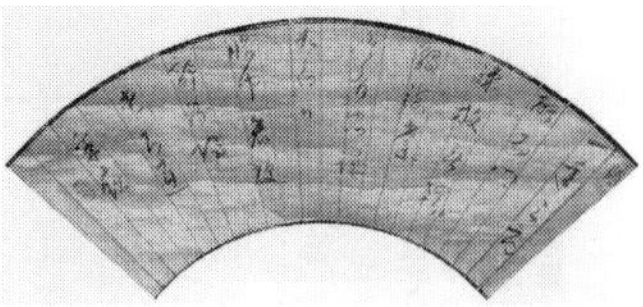

七言絶句

一年三百酔為郷
疎放無端独海棠
唯有忠誠如白日
睡中看破郭汾陽

「山家駅」（『筑前国続風土記』）

流の旅である。このとき山陰路をとり、萩城下に至ったのは八月の半ばだった。萩では歌人の土屋蕭海《しゅうかい》の世話で河原町の松村宅に寄宿し、萩城下の歌人や文化人たちと交流した。ところが九月に入って病み、病は思わず進んで十月一日、土屋らに惜しまれながら不帰の客となった。六十二歳だった。

孤負す恩師と父兄与に　雲栖水宿行を留めず
但吾縦山河の骨と作るも　許さず名無くして故域に入るを

最愛の父原古処が旅立ちにおくった「名無くして故郷に入るを許さず」の激励のことばを母の看病とはいえ、行半ばにして故郷に戻ったことを忘れず、父のことばを胸に再び江戸への修行の旅半ばにして、仆れた菜蘋の無念が思われる詩だった。思えば菜蘋の生涯そのものが父と歩いた詩作漂泊の人生だったようだ。

緒方春朔と種痘はじめ

緒方春朔《しゅんさく》は世界で初めて種痘に成功した医学者として知られる。
春朔はジェンナーに先だつこと七年前の寛政元年（一七八九）に種痘に成功し、その医術を門外秘とすることなく、多くの医師に広めた。

緒方春朔
（個人蔵）

　春朔は寛延元年（一七四八）、久留米藩士瓦林《かわらばやし》清右衛門の二男に生まれ、医師緒方元斎の養子となった。元斎に医学を学び、さらに長崎に行き、蘭医吉雄耕牛に学んだ。

　このとき中国伝来の医学書『医宗金鑑』に種痘術があるのを知って、研究に没頭した。その後久留米に戻って医業にいそしんだが、天明三年（一七八三）、養父の元斎といさかいがあり、養家を出て上秋月村に移り、大庄屋天野仁左衛門宅に寄寓した。その頃秋月で痘瘡患者が発生し、春朔はこの患者の痘奬《とうそう》を採取、天野の協力で娘に種痘し、成功した。それまで痘瘡は不治の病とされ、治ったとしても顔にあばたが残り、女性には深刻な病だった。しかし治癒の方法がなく、まず医家が春朔の治療法を疑った。そこで春朔は藩医の江藤養泰、戸原歴庵、佐谷台庵に種痘の治療を見せ、その効果を示した。名医として誉れの高かった戸原は、その種痘法を認め、わが子に施して試し、成功すると率先して普及に努めた。

　こうして藩の医療の権威たちの理解を得ると、そのうわさが伝わり、農民や町人たちが続々と種痘を望むようになった。一方、春朔の教えを受け種痘を施す医者が増え、寛政五年「種痘家三百余、四百児一も桐蜜種之愚を見ず」と結果を得、翌六年には「七百児面上瘢痕《はんこん》ある者のなし」という結果を得、七年には「余が診るところの者、すでに千数に及ぶとも、未だ一児も損せず」となり、春朔の名は近隣に響き、治療をこう者、医術を学ぶ者が門前市をなした。春朔は『種痘必須

上秋月の天然痘供養塔

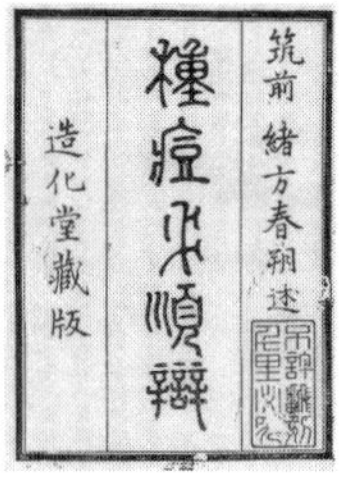

『種痘必須弁』（秋月郷土館蔵）

『医宗金鑑』（秋月郷土館蔵）

弁』『種痘緊轄《きんかつ》』を著して、天下に種痘法を広めた。ときの秋月藩主は開明な長舒で、藩医に取り立て、今小路に屋敷を与えた。

日本の天然痘治療に貢献した春朔は文化七年（一八一〇）、病を得て死去した。

このように春朔の進取の医療技術は伝わったが、秋月藩は長崎警備がありながら、長崎に行き蘭法医術を学ぼうとする者がなく、わずかに加峰柳軒が長崎で蘭医吉雄幸佐に学び、外科・整骨に優れ評判を呼んだが、後に続く者はなかった。

幕末には筑前筑後の医師は蘭方医術を学ぶために大坂の適塾を目指したが、秋月の医師は華岡青洲の合水堂で学び、明治に至るまで漢方医にとどまった。

斎藤秋圃と島原陣図屛風

秋月郷土館所蔵の「島原陣図屛風」は初代長興の凱旋二百年を記念して、天保八年（一八三七）、十代藩主長元がお抱え絵師斎藤秋圃に画かせたもので、秋圃が六十二歳から八年間を要して描いた大作である。

秋圃は池上市太郎といい、明和六年（一七六九）二月、京都に生まれた。幼い頃から画才を発揮した秋圃は日本画の大家円山応挙に学んだ。秋圃二十七歳のとき、応挙が死去し、同門で大坂の森狙仙《もりそせん》に師事した。

初めに学んだ応挙は写生を重視した画家で、森山は動物画に優れ、秋圃も動物

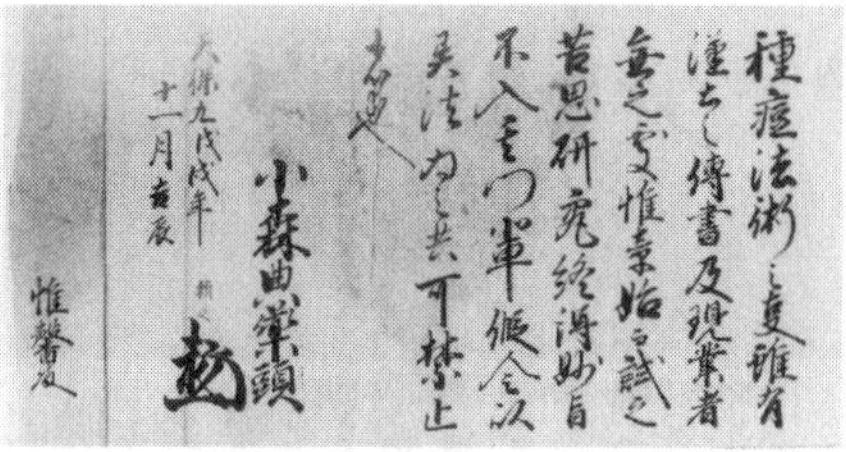

春朔への幕府典薬頭の認証状
（秋月郷土館蔵）

斎藤秋圃像
（長崎県立図書館蔵）

写生に親しんだ。写生だけでは飽き足らなくなった秋圃は次に長崎で新しい絵を学ぼうと長崎に向かったが、安芸の宮島で生涯テーマにした鹿を見つけ、その写生に没頭している間に三年も留まることになった。ようやく宮島を発ち、その後も福岡、有田に立ち寄りながら長崎に着いたのは享和二年（一八〇二）、三十四歳になっていた。長崎で異国情緒を身につけ、新しい絵を生み出した秋圃はたちまち評判を呼び、その評判が長崎警備の秋月藩主黒田長舒の耳にとまり、秋圃は秋月藩のお抱え絵師となった。文化元年（一八〇四）、秋圃は浦泉に屋敷をもらい、家中の宮井久米右衛門の娘由紀子（二十二歳）を妻にした。秋圃三十六歳のときで、長男璘太郎、二男常太郎、三男瑞五郎をもうけた。

二男は夭折したが、長男の璘太郎は文武に秀で、藩主の覚えもめでたく、江戸勤務となった。馬術に長じた璘太郎が芝の愛宕山の階段を騎馬で登ったことが江戸中の評判になり、方々に呼ばれるうち、遊びを覚え、遊ぶ金欲しさに公金に手を付け、ばれそうになって逐電し、家名断絶となった。

期待をかけていただけに秋圃夫妻の嘆きは深く、妻は悲しみのあまり病につき卒然逝ってしまった。秋圃に咎めはなかったが、秋圃は責任を感じて致仕し、福岡の名島の豪商河内屋白木幸右衛門を頼って移った。その後、河内屋の世話で広辻とみ子を後妻に迎え、その縁で大宰府に移り住み、画業に精進した。秋圃は九十二歳で天寿を全うするまで、絵筆を一時も手放すことがなかったという。

斎藤秋圃「猿侯図」
（秋月郷土館蔵）

斎藤秋圃が描いた農村風景
（国立歴史民俗博物館蔵）

秋月藩校稽古館

藩校は七代長堅の命で、安永四年（一七七五）三月十六日、城下新小路に学問所「稽古亭」が開設されたことに始まる。初代頭取には遠山半外、教授に原百助、助教に松木諫右衛門の体制で始まった。もともと学者は原一人だった。

天明四年（一七八四）十月、稽古亭は常府の坂田勇、山本一の屋敷を利用したものだったが、講堂や教室のほか、弓・槍、剣・柔術などの武芸所などが増改築され、玄関も二間間口の藩校らしい風格を備えた大玄関となり、福岡西館甘棠館長亀井南冥の筆になる「稽古観」の大扁額が揚げられ、これより「稽古観」となった。職員は文武頭取一名、肝煎一名、目付二名、教員は教授一名、助教一名、指南役六名、句読師六名という組織だった。教授、助教は稽古亭と同じだった。

文治をかかげた八代長舒の代には教授陣がより一層充実し、黄金時代を迎える。長舒は家老宮崎織部を京都に遣わし、崎門学派の小川晋斎を招聘した。天明六年には原百助の子、原震平（古処）が帰藩し、助教となり、稽古観は徂徠学が重みを増していった。ところが文化三年（一八〇六）九月二十五日、城下は大火に見舞われ、稽古観を焼失した。再建は藩財政の疲弊もあり、容易にはならなかった。文化六年、杉馬場に場所を移して再建することになり、文化八年に

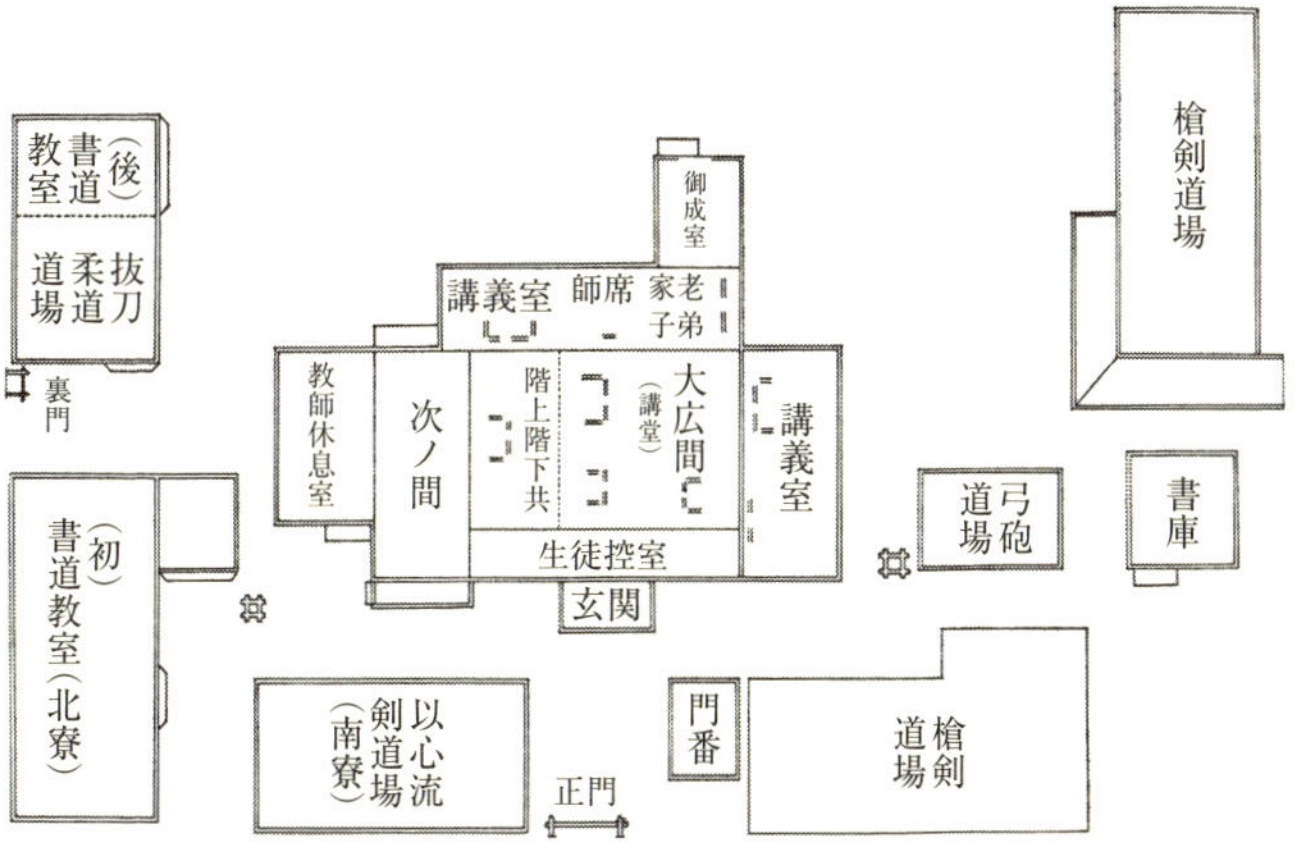

稽古館（『甘木市史』を参考に作成）

筑前文化秋月にあり

完成した。しかし、突然家老宮崎織部が宗藩に召し返される辛未《しんび》の変「織部崩れ」が起き、翌九年六月二十六日、教授原古処が「思召にかなわず」と解任され、次いで十一月、学館は閉鎖された。

　これには長舒死去後の藩政の方針転換があった。九代長韶《ながつぐ》は「公儀並びに福岡に準ぜられ、以後程朱の学御用成られ候間、一統その心得これあるべく」と、徂徠学からの方針転換を行ったのである。

　それとともに、稽古観の教師はすべて宗藩の修猷館で朱子学への再教育を行い、徂徠学の排除を図ったのである。これ以降、藩校は「稽古館」となり、学科、教育方法は修猷館に準じ、いわば修猷館の分校に成り下がった（『甘木市史』）。

　稽古館の入門者は組外以上の身分の子弟の十一歳に達した者で、学科は素読一刻（四書・五経〈二時間〉）、小学生（論語・孟子・十八史略・蒙求《もうぎゅう》の解読と討論）、大学生（五経・大学・中庸・近思録・左伝・言行録の自見と質疑）を二刻で、十五歳になると武芸が必須となり、二十歳以上には弓術・砲術・柔術があった。さらに幕末になると国学が設けられ、維新後は皇学所が設けられた。

　学科にみられるように算学がなく、自然科学や理数系はまったくなかった。

　武士の教養とは封建制に従う身分の倫理を学ぶだけで、世の中に役に立つ学問とか、経済発展や研究発明を担うような学問は皆無だった。

　それでも幕末になると幕府の開国近代化策に沿って、諸藩は迫ってくる時代の

黒田長韶像
（古心寺蔵））

革新を感じて、新しい学問や洋学を取り入れ、銃砲などの国産化を図って、製鉄炉まで開発した藩もあったが、辺境の秋月藩にはそのような革新の波は押し寄せなかったというよりは、因循固陋の弊風だけが藩を覆い、学問は朱子学一辺倒で時代に取り残されていたことにも気づかなかった。

秋月藩には藩校のほかに私塾があった。

原古処の古処山堂（漢学）、中島衡平の精義草廬（漢学）、磯淳の春風楼（漢学）、宮永保親の敬神塾（和学）などである。秋月藩ではないが、三奈木黒田や上座郡志波にも武家の子弟のための塾「文武堂」があった。

藩校で学べない足軽などの軽輩の子弟は寺子屋で町人や農民とともに学んだ。野鳥村の三隈一官、上秋月村の水城仁平・大蔵種周・白水善兵衛、屋形原村の森伊平次・深町文平、板屋村の諫山二十重らが寺子屋を開き、三隈一官の書道塾など男児七〇名、女児一〇名が学んでいた。学習は読み書きが中心だが、算学があった。教材は『いろは』『村尽《づくし》』『女今川』『農業往来』『商売往来』を使った。

文化七年十二月、秋月藩は領内の手習師範衆中に、寺子屋における「達」をだしたが、「いかよう子供の内、習いこみ候儀は、生涯染み込み候事故、心を用いられ候様存じ候」と告げ、また、「百姓は質素を守り、農業耕作に精いたすまでの候事につき」通用の文字だけ教えればよい、その他の知識は無用と言っていて、秋月藩の農民の向学心を抑えようとする政策がありありとしている。

商売往来

これも秋月

秋月目鏡橋

秋月の入り口にある石橋「目鏡橋《めがねばし》」は、秋月のシンボルになっている。

それまで野鳥川の橋は木造だったが、洪水で度々流されては架け替えられ、その費用と架け替え工事の間の不便さが秋月城下の人々の大きな悩みだった。

そのため八代藩主となった長舒が初めに手掛けたのが、この橋を石造りの頑丈な橋に造り替えることだった。秋月藩の長崎警備は宗藩の福岡藩の藩主斉隆が幼いために代わりに申し付けられたものだった。

長舒はその長崎で多くの石造りの眼鏡橋を見た。

急流の中島川は野鳥川を思わせ、眼鏡橋は洪水に強いことを知って架け替えを決心したのである。

長舒の計画を実務から後押したのが家老の宮崎織部だった。宮崎も長崎に同行していて、眼鏡橋に関心が高かったのである。

文化二年（一八〇五）、工事に着工、石橋を多く手掛けてきた長崎の石工に頼んだ。石は秋月で切り出しをしたものの、長崎の柔らかい安山岩と異なり、秋月の石は堅い花崗岩で、切り出しから苦労した。十月、石をアーチに組み上げたところ目の前で崩れ落ちたのである。しかも、長崎警備から戻る途中長舒が病に仆れるという悲運に見舞われた。工事は中断したまま四年が過ぎた。

しかし、工事をあきらめたわけではなかった。問題は資金だった。工事代金銀八〇貫の内、三〇貫は大庄屋平田治部右衛門に資金援助をあおいだ。また、織部は構造計算など数学に優れた佐藤則敏を工事係りに抜擢して再開した。

文化七年にようやく完成した。

長崎では眼鏡橋と書かれるが、この秋月では「目鏡橋」としたのは、アーチが一つという意味か、工事関係者に特別な思いがあった故であろうか。

昭和三十年代の目鏡橋（田尻宰氏蔵）

◆2 秋月藩文武の道

太平で長らく廃れていた武芸は異国船の脅威をうけ盛んになった。幕末には秋月藩に「九州三武人」の一人、藤田仲智規が現れ、藤田の指導を求めて諸国から剣術修行者が秋月に詣でた。

文政十二年諸芸軸帳

「文武弓馬之道、専ら相たしなむべきこと」

幕藩体制において「武家諸法度」で、武士たるものは「文を修め、武を練磨する」ことが要求された。しかし、徳川政権が安定し、太平が続いて武家に弛緩《しかん》が見られ、一方、藩財政の窮乏から精神の堕落が見られるようになっていった。

そのような風潮をみて、諸藩は藩政立て直しにあたって、文武を奨励するようになり、学館の創設を行った。

秋月藩も安永四年（一七七五）三月、七代長堅のとき、野鳥の新小路に学問所を創設した。その後、天明四年（一七八四）十月、学問所を拡張、講堂とともに兵学及び弓砲柔剣槍などの武芸所を併設し、稽古観と称した。

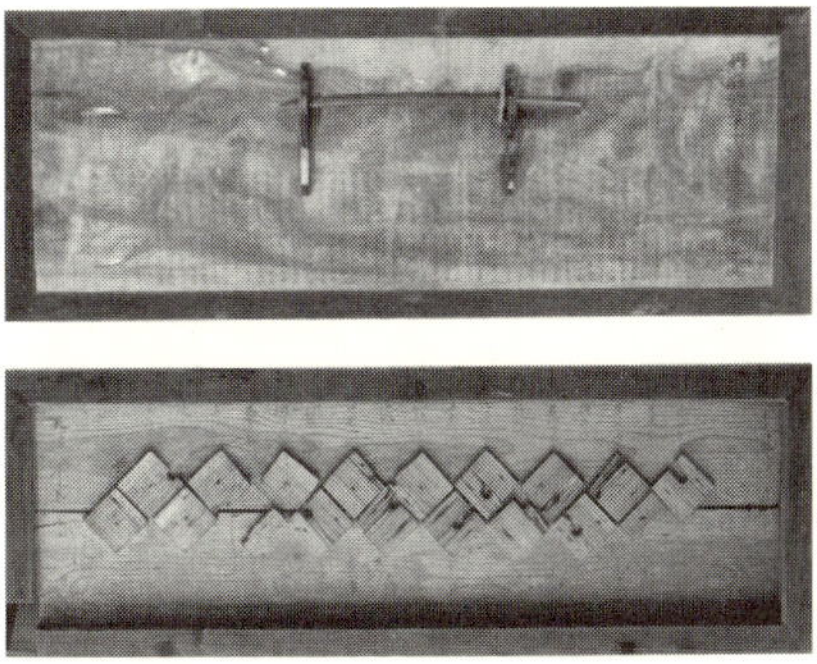

武術奉納額（秋月郷土館蔵）

ときの藩主は文武を奨励した八代長舒で、七年には臼井六郎兵衛が文武頭取となった。この年は松平定信が老中首座となり、寛政の改革を断行、文武を諸藩に奨励したことから、全国に新設された学館は二八〇校におよんだという。

秋月藩では文化三年（一八〇六）に大火があり、稽古観を焼失、再建がなったのは七年だった。二四〇坪の威容を誇り、稽古館となり、勉学所のほかに以心流剣道場、丹石流槍剣道場、弓砲道場（土間）と弓砲の射場があった。

稽古館は九年に財政難から閉鎖されたが、十三年に再び開校した。

秋月藩の武芸については文政十二年（一八二九）に書かれた「諸芸軸帳」に記されている。

その内容は、学問・筆道・兵学・射術・射礼・馬術・剣術・槍術・薙刀・砲術・柔術・和礼・火術・居合術・水練・棒捕術などとなっている。

諸芸品目

一、兵学　大極流・能嶋流・船軍術・磐伊流

一、射術　雪荷派・竹林派・道雪派・印西派・日置流

一、射礼　小笠原流

一、馬術　大坪流

一、剣術　以心流・丹石流・二天流・一刀流・安部流・無念流・新影流・直心影流・心真蔭流・真鏡流・朝山一伝流

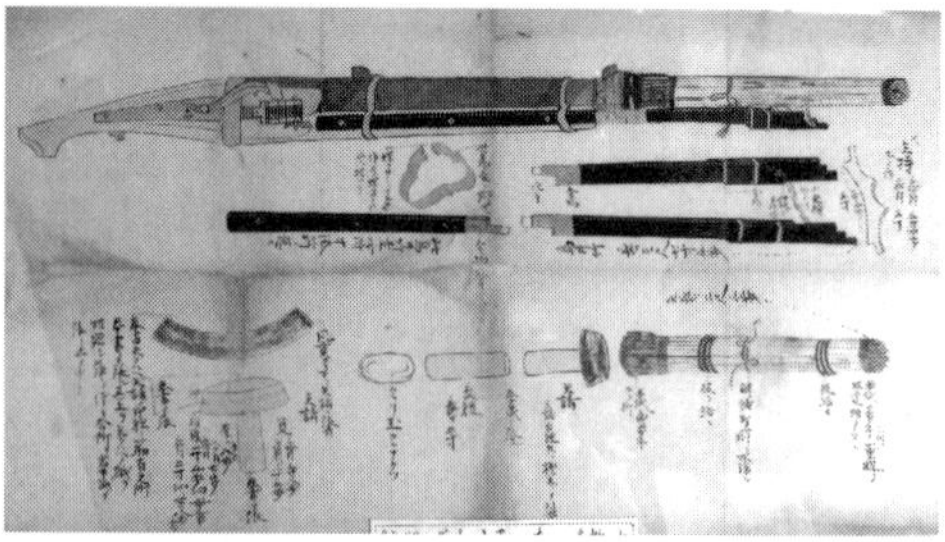

銃図
（林博顕氏蔵）

胴
（秋月郷土館蔵）

一、槍術　自得流・鏡智流・種田流・伊岐流・宝蔵院流
一、薙刀　月山流・静流
一、砲術　磯流・高野流・林流・久佐流・河野流・陽流・若松流・板倉流
一、柔術　揚心流・起倒流・笠原流・心当流・庄林流・扱心流・体心流・関口流
一、和礼　小笠原流
一、火術　荻野流・中嶋流・落合流
一、居合　中道流・真中流・田宮流・一睡流・中和流・一伝流・伯耆流・関口流
一、水練術　勝重派

士卒合わせて六〇〇人弱、子弟をくわえても一二〇〇人弱の藩士にあって、五八流余の武芸諸流があっては、藩士も大変だったはずである。厳しい身分制度のこの頃では、上士・中士・下士で、それぞれ学ぶ道場も異なるのである。秋月藩では、十歳から十五歳までは二、三種の武芸を学び、成人は平均七〜八種の武芸を学び、多い人は一二種の武芸を学んだという。

稽古館の武芸では、以心流・丹石流の道場があるので、この二流が剣術では御《お》流《りゅう》だったのだろうか。『諸芸伝来之位式《いしき》』軸帳には各個人が学んだ武芸が記されている。

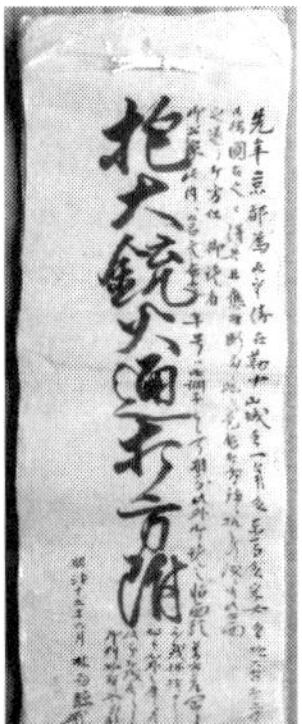
抱え大筒打ち方
（林博顕氏蔵）

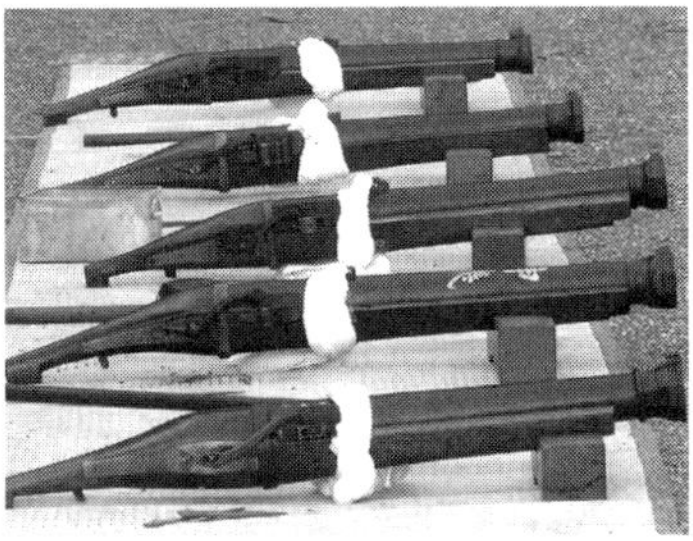
林流砲術大筒
（秋月藩砲術林流抱え大筒保存会蔵）

吉田主水　六十六歳（文化八年家老となる）
大極流兵学目録・雪荷派射術・馬術・以心流剣術目録・鏡智流槍術免状・磯流砲術・揚心流柔術・和礼・中道流居合術

間小四郎　四十三歳（織部崩れの直訴者・郡奉行等を歴任）
大極流兵学・雪荷派射術・馬術・丹石流剣術目録・鏡智流槍術・月山流薙刀術・磯流砲術

秋月藩で諸藩に聞こえた武人は幕末に、柳河藩大石進、大村藩柴江運八郎と並んで、九州三武人といわれた丹石流の藤田仲智規《なかとものり》である。藤田は槍術もよくし、参勤の供中、箱根で鎖鎌の巧者から試合を挑まれたことがある。藤田は三間槍のたんぽを緩めて立ち向かい、相手の鎖がたんぽにからみつき、手繰《たぐ》りこもうとしたとき、一瞬、槍を引いたのでたんぽがすっぽりと抜け、勢い余って後ろへのけぞるところを、槍を逆さにとって、石突きで突き、勝ちを制した。

「人皆之を快とし、その機智技量に敬服せりとぞ」とあり、単に技量だけでなく、武術には計略が重要なことを示した。藤田はこのように武術だけでなく、器量に富み、納戸役から勘定奉行、横目役など主要な役を歴任した。

丹石流剣術伝書
（秋月郷土館蔵）

第四章 開拓と産物振興

換金作物から加工へ、商品化産物で農村は豊かになっていった。

日田街道沿いの當所村の豪農多田家（撮影／徳田明、『多田家』より）

① 農業振興に腐心する秋月藩

藩領に山地が多い秋月藩は米の収穫に腐心し、原野の開拓に努め、新田をふやした。水利や米輸送のため河川の改修に力を注いだ。しかし、享保・天明・天保の異常気象に抗すべくもなく、飢饉の対策に苦しんだ。

秋月藩の農政機構

秋月藩の藩領は中心部の大部分が山地で、藩境が筑紫平野や嘉穂盆地につながる田畑や原野だった。しかし、福岡藩から分かれた藩なので家臣が少なく、蔵入り地は七割と大きく、藩初期は財政に窮迫がみられなかった。

農村の統括は夜須・下座郡を支配する秋月の郡奉行と山を越えた嘉麻郡側の千《せん》手《ず》町に郡奉行を置いて支配した。郡奉行の下には一組一〇～二〇カ村からなる五組の農村を管轄する大庄屋を置いた。組は藩初期から幕末期まで、四～六組に変わった時期もあったが、夜須・下座郡が三～四組、嘉麻郡が一～二組で推移した。

各村には庄屋を置き、庄屋は二～五人の組頭を使い、年貢の徴収、夫役の割当て、宗旨改めから村民の要望まで、大庄屋を通じて奉行に申し立てるなど行政

八反田大庄屋奥平家

職を担った。大庄屋も庄屋も世襲で、元秋月家の家臣や土豪の出が多かった。
小田村の桑野家、上秋月村の天野家、山隈村の平田家などが代々大庄屋を務めている。年貢の割り付けは御免相下札によったが、文政四年（一八二一）以来、宗藩と同様、軸帖《じくちょう》によって行われるようになった。軸帖は村が負担する年貢と、農民個々の負担を記したもので、これに農民一人の持ち高を田・畑・一作・稲作に分けて一筆ごとに書きあげた名寄帖と付加基準の軸帖によって決められた。

農民の年貢は定免制だったが、そのほかにも種籾利米・夫米・御貸付利米・能利米・軍催合利米などがあって、農民を苦しめた。

秋月藩の農業政策で特筆できるのは、「一人の農民が五十石ずつの田畑の生産管理を受けもつ五十石一名の地割制度★だった」。

収穫した米は村蔵に集められ、代官の指図で下座郡・夜須郡の米は秋月や博多に積み出された。しかし、「村々より津出しの儀は、道六里の分は百姓として出すべきこと」とあり、津（港）出しの米は馬で運んだが、一頭で二俵しか運べなかったので、博多妙楽寺新町にあった秋月藩蔵屋敷までの津出しは農民にとって難儀なことだった。嘉麻郡の津出しは二万俵で黒崎の蔵屋敷まで馬五〇〇頭でも十日かかる。そこで舟が通れるように赤松尾丘陵を掘り下げ、八反田舟入場から遠賀川を下り黒崎の蔵屋敷へ納めた。大坂へは博多・黒崎から回漕された。

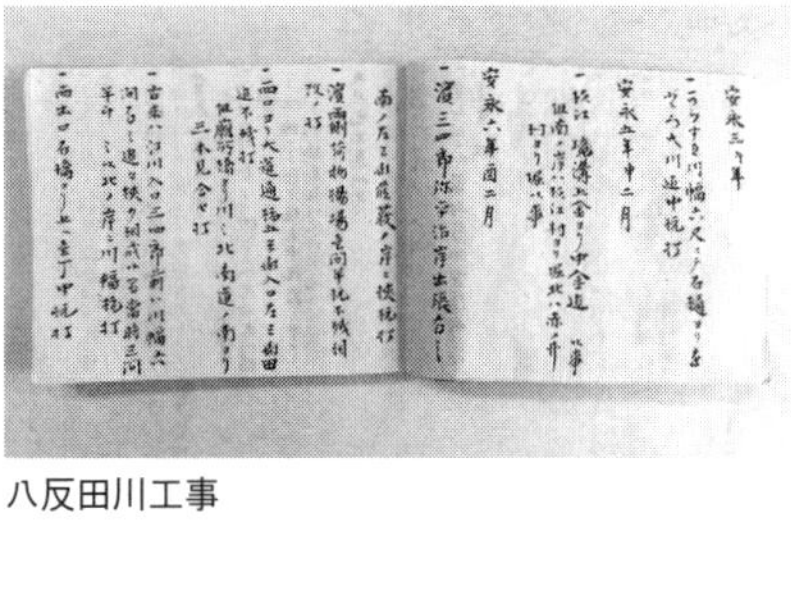
八反田川工事

▼五十石一名地割制
一人の百姓が五十石の田畑の生産管理を行う制度。

八反田舟入場と秋月藩蔵屋敷

平田倶勝と山熊原野の開拓

平田因幡倶勝《ともかつ》は大坂夏の陣で戦死した息子の遺児孫作と女児を連れ九州へ下り、黒田藩夜須郡上浦村に居を定めた。上浦村の西北一帯は山熊原《やまくまばる》といい、人跡なき荒野だった。元和四年（一六一八）、上浦村の視察にきた郡奉行の村田出羽守に開拓の儀を申し出、七年八月、高田村の庄屋桑野新兵衛を通じて開拓願を出し、十月その許可を得た。新兵衛はのちの大庄屋で、祖は秋月種実の重臣、桑野新右衛門といい、種実の移封に伴い日向財部に従ったが、生活難から秋月に戻り、夜須郡高田村に居を移して、田畑を拓いてきた過去があり、倶勝を親身に助けた。

実際に開拓にあたったのは倶勝の孫の平田孫作である。

孫作は本拠を山熊（筑前町山隈）に移して、人手と資材を集めて開拓を始めた。まず、上高場、大久保方面には古田があって、先住者がいたこの方面から始め、田については、湿田はそのまま田にして、水利の良い落橋・桜牟田・禅門橋を拓き、次いで山伏渕・三丁牟田・八反田・大刀洗から土取へ広げた。畑は前畑・外畑・中そう・山ノ下・大刀洗と拓いていった。開拓地には農道・水路を取り付け、ため池を各所に設けた。開拓地に人が住み、大久保と山熊原を合わせて山隈村ができた。また明和四年（一七六七）には「山隈里正の平田伝右衛門、藩主に請い、

山熊原開墾願い
（平田倶行氏蔵）

美田に変わった山熊原野

大刀洗に村里を建つ」とあり、「文政十三年（一八三〇）には高上村ができ、荒れ野が開拓で実りをもたらし、人が住む豊穣な大地となった」（『三輪町史』）。

初代長興も原地蔵原《はらじぞうばる》の開拓を行った。

寛永十五年（一六三八）三月、島原の陣の帰途、原地蔵で行進を休めた長興は、眼前に広がる原地蔵の広大な原野を拓くことを家臣の磯某に命じ、広大な原野が田畑に生まれ変わった。

天候異変の続発と飢饉の勃発

江戸時代、記録にある延宝九年（一六八一）から安政元年（一八五四）、秋月藩では旱魃《かんばつ》や虫害、洪水などの災害が二六回起き、一七〇〇年代には二〇回、およそ五年間隔で災害が発生した。全国的にも享保十七年（一七三二）、天明三年（一七八三）、天保三年（一八三二）は江戸の三大飢饉といわれた。

なかでも享保十七年の大飢饉は「子《ね》の年の大変」といわれた未曽有の飢饉となった。原因は享保五年・六年・十一年・十四年・十六年と天候異変で凶作が相次ぎ、十七年も年初から冷害で作物が不出来だった。この年は秋月藩では裏作の麦は立ち腐れ、七月頃から牛馬に悪疫がでて、稲にはウンカが大発生するという状況になり、収穫が見込めなかった。藩が幕府に届けた損耗高は三万五千六百石に

天明飢饉

なり、年貢高は四千四百八十二石余というありさまだった。被害は夜須・下座郡が大きく、八月に入ると餓死者が出始めた。

「行路は死人多く、子の春より丑の春まで死人の屍を葬埋の引導ということはなく、犬猫のごとく埋めにけり。五つばかりの子を抱きたる女、長谷山辺りを下りしが、その子死にければ、赤裸になし川へ打ち込み、子の衣類を女男石《めおといし》にいたり、米三合に替えしとかや」（平田孫右衛門『望春随筆』）。

秋月藩の餓死者は二五一一人に上り、一割が餓死したことになる。この後は飢饉に備え米などを貯蔵する「囲い米」が制度化されたが、大庄屋の反対や財政危機の度に取り崩され長続きがしなかった。

近隣諸藩でも八月から餓死者が出た。

餓死者は小倉藩四万三五四七人、久留米藩一万九〇一八人にのぼった。

福岡藩は天保の飢饉で餓死者九万六七二〇人という大惨事を招いている。

福岡藩の人口は三四万人ほどだったので、約三分の一が餓死したことになる。

路傍に行き倒れになる餓死者の多さに死体処理が行き届かずに、そのまま放置され、亡骸を鳥がついばみ、犬猫が喰いちぎり、散乱して腐敗した死臭が城下を覆い、この世の地獄を呈したという。

しかも飢饉は人災といえた。

このとき福岡藩はかき集めた米を家中に六万石、江戸藩邸に二万三千石を送り、

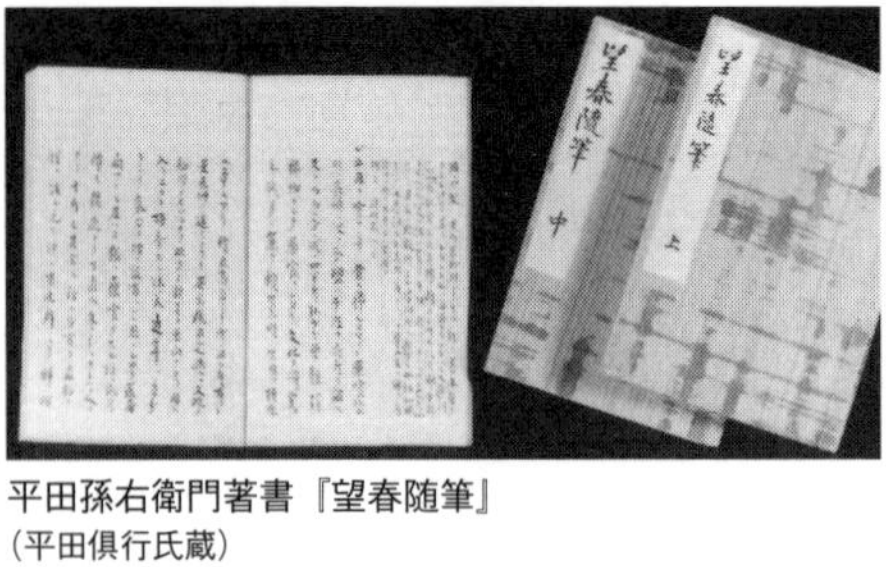

平田孫右衛門著書『望春随筆』
（平田倶行氏蔵）

天明飢饉

郡・町・浦にお救い米として五万六千石を放出した。しかし、放出米の六割が人口の一割の家臣向けだったのである。家臣にはまったく餓死はいなかったが、農民や庶民、それも老人や子どもが犠牲となった。

　江戸時代の飢饉の被害はこのように非道な政治による人災が多かったが、犠牲を出さなかった藩もある。筑後柳河藩十万石は人口五万四〇〇〇人だったが藩の手厚い農政で犠牲者は一二三人にとどまった。柳河藩は相次ぐ天候異常を見て不作が続くことを予測し、囲い米を準備したうえで、農民に天候異変に強い唐芋《からいも》を植えさせ飢饉に備えていたのである。

　安定的な農業生産には天候に次いで重要なのは水利である。とくに水源がない地域にとって死活問題だった。そのため堤（ため池）や導水のための用水路の確保が欠かせなかった。水源がない夜須郡の三牟田村は曽根田村に分水したが、曽根田村の扇状台地はとなりの三並村から水をもらわなければならなかった。そこで庄屋の佐藤運吉は長さ三間、幅二間半の石積樋をつくる大工事で曽根田の台地に八町余の水田化に成功した（『福岡県地理全誌』）。中牟田村でも元は秋月藩家老宮崎家の家臣古市彦太夫が石櫃井手《いしびついで》を築いて山家村から水を引き水田を潤していた。

草場川の分水闕
（『三輪町史』）

曽根田の棚田

②豊かな農業のはじまり

永く租税の米づくりで苦しんだ農民たちは『農業全書』に光明をみた。

農民は租税が少ない畑地に増収を見出し、換金作物や加工商品づくりを進めた。

やがて一村一品が盛んになり、ブランド品で有名になった村も現れ、六次化農業で豊かになっていった。

『農業全書』と農業革命

元福岡藩士の宮崎安貞が元禄十年（一六九七）に刊行した全十一巻の『農業全書』は、日本の農業を革命的に変えた。それまで天候や経験に基づく農業について、農作業から作物の栽培、そして採算性の計数管理まで、学べたのである。水戸光圀が「これ人の世に一日もこれ無かるべからざる書なり」と称え、将軍徳川吉宗も絶賛した。この本を読んだ下座郡屋形原村の深町権六は、元禄十五年から十六年にいたる実践を「農業心覚」に記録し、『農人定法』を著した。

これによると深町家は三月二十一日に苗代に種籾をまいていて、現代より時期が早い。品種は、つるほそ・なんばんもち・しろ犬の腹・あかさこなどとあり、種のブランドがあったことがわかる。商品作物としては「からし（菜種）は不可

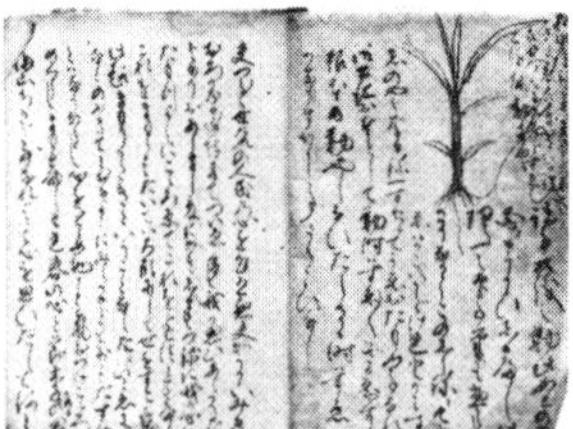

深田権六『一心重宝記』
（『甘木市史』）

作、この替わりにタバコを大分つくり、五、六月に売るべし」とある。また「すて（油粕）は畑一反に一〇〇斤ずつとして三〇〇斤を銀三〇目で買うべし」とあり、農業技術だけでなく、その費用も述べている。このような農業学による農業知識の導入にくわえ、農作業にも機械化の波が押し寄せた。

農業道具の改良や発明が農作業を軽減していった。真夏の過酷な水田の除草作業を半減した「がんづめ」の発明、脱穀機の「千歯こぎ」、穀粒選別機の「千石どうし」「唐箕《とうみ》」などが農作業を軽減し、その上、農業生産が向上した。

飢饉の原因となる「ウンカ」の発生を抑える研究が進み、鯨油による注油駆除法が広がった。また、曾根田村の庄屋佐藤藤衛門が殺虫添加剤を発明し『蝗《いなご》除試仕法書』にまとめて、蝗駆除を広めていった。

年貢は田が帳簿の面積と石高が合っていたのに対し、畑は帳簿の面積より実地面積が多かった。そのため畑によっては八割もの余剰があって、余米を在方の商人や甘木宿の商人に売って財力を成す豪農が生まれた。

小田村の桑野家はこうして財を成すとともに年貢や小作料を払えない者に米銭を貸し付け、返済できない者の田畑を集め大地主となっていった。

このように農業革命と波に乗れない農民ができ、階層化も進んでいった。

農業革命は農業経済も変えた。「生産技術の進歩と商業の発達による貨幣経済の浸透は、自給自足を基本とした農村経営にも大きな影響を与え、現金収入をも

千石どおしと唐箕

からうす突き

とめて、商品価値の高い換金作物の栽培が増えていった」(『夜須町史』)。

とくに裏作や畑には辛子や煙草、山間の傾斜地や畑には柿やみかん、山地や山麓、河川、堤の土手には櫨《はぜ》や楮《こうぞ》が植えられていった。また、三並村・長者町村の製蠟、曽根田村の製紙、三並村の製薬などの一村一品の家内工業化も進んだ。

當所村の多田家は農業の傍ら蠟絞《ろうしぼり》業をはじめ、また上質な米の産地であったので酒造業に乗り出し「千代の松」ブランドで財を成して、秋月藩にも寄与した。維新後は朝倉軌道や彌壽《やす》銀行を設立するなど地方産業発展に尽した。旧日田街道沿いの筑前町森山當所にある敷地九九〇〇平米、建坪九九〇平米という多田家の豪壮な屋敷は二〇〇三年に国登録有形文化財に指定されている。

このように農業は年貢のコメから商品作物へ多様化し、甘木朝倉地方では「辛子と煙草」が主要な商品作物となり、次に蠟を産する櫨が奨励された。

秋月藩では天明五年(一七八五)から一反につき六〇文銭三匁五分の運上銀を賦課している。

「三奈木砂糖」で有名な黒糖は江戸中期に始まり、秋月でも生産された。これらの辛子・煙草・砂糖の栽培面積は全耕地の一割を占めていた。農産物のうち、櫨は筑前最大の産物となり、甘木町で製蠟された。

米以外の換金作物がつくられるようになるとよりよい生活を求めて自家作物の販売や漬物・干物などの加工食品をつくって売るようになり、農民は少しずつ豊

多田家庭園
(撮影/多田安子)

多田家屋敷

かになって、農業の余暇には芝居見物、旅行などの娯楽を求めるようになった。

元禄時代には国内の街道や宿駅などの交通基盤が整備され、お伊勢参りや金毘羅参りなど空前の旅行ブームとなった。秋月藩は農民に、参宮のための借金をしないこと、旅行は五十日以内に限ること、往来手形を必ず申請すること、春免《はるめん》通りの年貢納入までは、伊勢神宮参宮や新増築は許さずとしていたほどだった。

幕府の「慶安御触書」のように市史や町史など史書を読むと幕府や藩の農民規制は衣類から食事、交際にいたるまで事細かに規制され、息が詰まるような気がするが、裏を返せば規制されたことはみなふだんにやっていたのである。

秋月藩のような小藩では城下の警察行動をする目明しが二人、郡部の取り締まりも一〇人に満たない。これでは夜須・下座・嘉麻郡の点在する五五カ村を取り締まろうにも取り締まれるわけがない。また、検見《けみ》の役人は、それぞれ家族・親戚まで同伴し供応接待を要求したというので、農民への規制も相見互いである。

秋月藩は「着類見ケ締目付百姓」まで、各村に二人ずつ配していたが、前述の深町権六は『一心重宝記』と題する家訓の中で、「肌着は白木綿、股引き・脚絆は浅黄、袷は濃い花色、薄浅黄などとして、これは近所の身持ち（普段着）なり、上人の前に出るか、または物詣で、芝居見物、旅に出るには華美を尽くして苦しからず」と言っている。農作業や普段着は地味に心がけるべきだが、晴れの日はそれに構わずとした。衣類は、普段着は木綿や麻だが、絹や紬などはあたりまえ

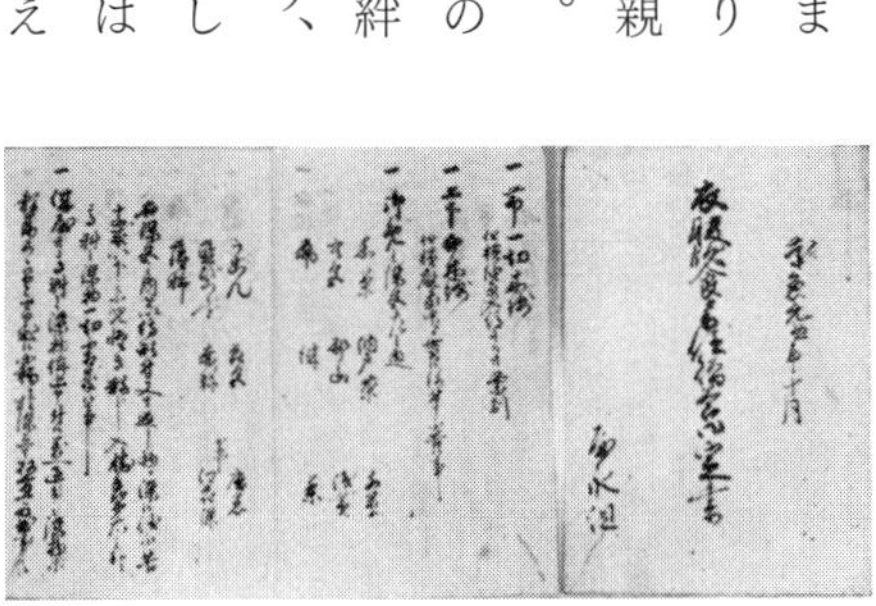
衣服規制
（『三輪町史』）

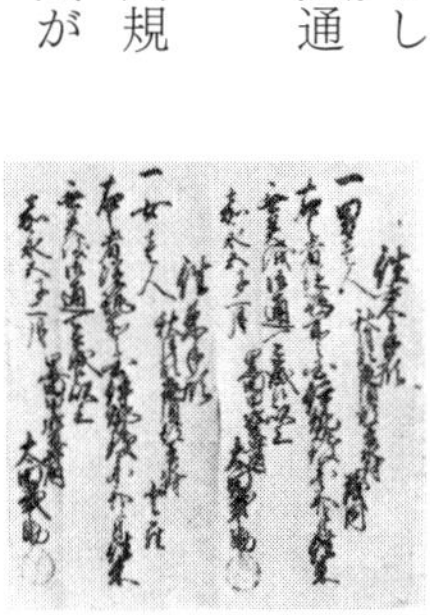
伊勢宮手形
（『三輪町史』）

で、色も藤色、もみ（朱色）、千草（緑）、紫、空色に、縞、更紗染、型付、絞りなどあでやかな柄の着物を着た。蘭学者内野荘の『安々洞秘函』には「嘉麻郡は辺境だったが、「女性は絹服を着、女の飾りを美にする」とある。

食事も米は年貢にすべて取られていたということはなく、年間一石（一五〇キロ）のコメを食べ、現代の日本人の米消費量年間六〇キロよりはるかに多く白米を食していたのである。ほかにうどんなどの麵類や麦飯、雑穀飯を食していた。

秋月藩の食べ物については「マグロ・猪鹿肉・牛肉・砂糖・小谷柿」があげられている。マグロはどうやって秋月まで仕入れたのか不明だが、上下を挙げて好まれたという。嘉麻郡には古くから遠賀川を鮭が遡上していて、鮭神社や明和二年（一七六五）に建立された鮭塚もあり、鮭も食していたようだ。ただ、鮭神社のある集落では、鮭は神の使いだとして、現在も食べないといわれている。

牛肉食は文化頃からで、最初は塩漬けだった。肉食で普段に食卓に上ったのはウサギや鳥肉で、山国だから猪や鹿肉もよく食した。砂糖は文政の頃から村々でつくられるようになり、料理や餅につけて食べたともある。小谷柿は干し柿にして食べ、ミカン、ナシ、栗もあった。常食は「地産地消」だが、海産物では昆布やヒジキ・海魚やスルメなどの干物を買い、嗜好品では、茶・酒・焼酎・煙草を買い、また、煎餅・飴・落雁・氷砂糖などの菓子類も欠かせなかった。ときには主人が晩酌もしていて、江戸時代の農民の食生活は豊かだったようだ。

鮭神社
（嘉麻市大隈）

③

城下町と在郷町

幕府の街道整備と金融システム整備は全国的な流通発展をもたらし、城下町だけでなく郊外に新たな商業地の発展をみた。藩ではこの勢いは止められないとみて、在郷町を整備した。

街道整備がもたらす新時代

秋月の主要道路は筑後松崎宿に発し、野町・秋月・新八丁を越え、先手宿を経て、豊前小倉に向かう秋月街道（豊前街道）である。

八丁越えは『筑陽記』に「ごく昔より開けたるものと古記にあり」とあり、秋月種実は周防から秋月に復帰したさい「無事柳ヶ浦に上陸すると、一昼夜にして豊州路を駆け抜け、懐かしの秋月古城に帰り着いた」（『物語秋月史』）とあって、古くから開け、筑前と豊前を結ぶ主要な道路だった。しかし、秋月に入国した初代長興は城下を横断する八丁越えを防衛上嫌って、作事奉行の安倍惣左衛門に命じ、城下の外を通る新八丁越えを開通させている。

秋月街道は寛永末に冷水峠が開通するまでは薩摩や肥前肥後の参勤路で

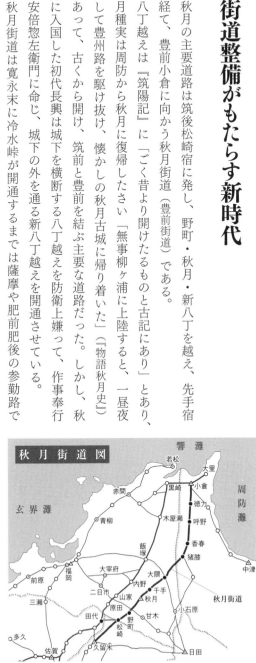

もあった。久留米藩も福岡藩二代忠之と険悪な頃、秋月街道を参勤路にしていた。

元禄の頃に幕府が開闢以来進めてきた主要街道や港などの交通基盤、飛脚などの通信、為替・金融などの社会基盤整備（インフラ）がなり、全国的な物と人との往来が活発になって、藩境を超える物流や商業が発展し、商人が台頭してきた。

街道の幅が統一され、松や杉並木などの日よけの植樹がされ、一里塚や方向を示す道標、一定の距離ごとに茶屋や宿場が置かれ、駕籠屋や馬継《うまつぎ》などの交通サービスが整備され、女の一人旅でも安全になり、豊かになった商人や農民を相手に今日でいうパックツアーが開発された、またガイドブックをもとに個人旅行や目的を決めないバックパッカーが流行って、空前の旅行ブームが訪れた。

江戸時代というと藩境に関所があり、どこへ行くにも手形が必要で旅行などできなかったような気がするが、文化九年（一八一二）から六年間、日向佐土原から東北の秋田まで旅した修験者泉光院の旅日記を読むと、手形を改められたところは、薩摩と唐津で、それもごく簡単で形式的なものだった。福岡藩など藩境に番所もなかった。この日記に秋月もでてくる。

「十八日、筑後国と筑前国秋月領の境を越え、阿万木（甘木）に入る。ここは境杭があるだけで番所はない。阿万木は一向宗の土地で托鉢はできない。つまり他の宗教は相手にしないので秋月城下に入って泊まった。十九日、午前中は城下で托鉢、矢の竹村（福岡藩下座郡三奈木）に泊る」

秋月街道旧八丁越え

千手宿北溝口

とあり、往来は自由だったようだ。久留米藩に田中久重という有名なからくり人形師がいたが、実に自由闊達に久留米から京大坂まで興行で往き来している。俳優高倉健のご先祖小田宅子は天保十二年（一八四一）、五十三歳のとき、女友達四人と筑豊から下関・瀬戸内・京大坂・伊勢・江戸・日光まで五カ月にわたる八〇〇里の旅を「東路日記《あずまじ》」に残し、作家の田辺聖子が『姥ざかり花の旅笠』を著しているが、江戸時代のイメージを覆す実に自由気ままな旅で驚かされる。

商都甘木と秋月城下町

甘木は福岡と日田を結ぶ日田街道の要衝で、福岡まで九里、日田まで八里。嘉麻郡大隈まで五里、筑後久留米まで五里、そして対州飛び地の田代まで三里という、日田街道、秋月街道の交差点にあり、筑前在郷一の物流、商業の要所だった。

そのため福岡藩二代忠之は長興に秋月を分知するさい、飛び地として残した。『筑前国続風土記』には「国中にて民家多きこと、早良郡姪浜に次げり、町数一五町、民戸数五二三軒、人数三三七七人。甘木は、筑前・筑後・肥前・肥後・豊前・豊後六カ国すべての人の寄り来る総会の所にて、諸国に通ずる要路なれば商人多く集まり交易して、各その利を得る中につゐて、福岡・博多・姪浜より魚塩多く持ち来たりて商ふ。豊後・筑後・肥前の内には、海味多くはこれより買ゆけ

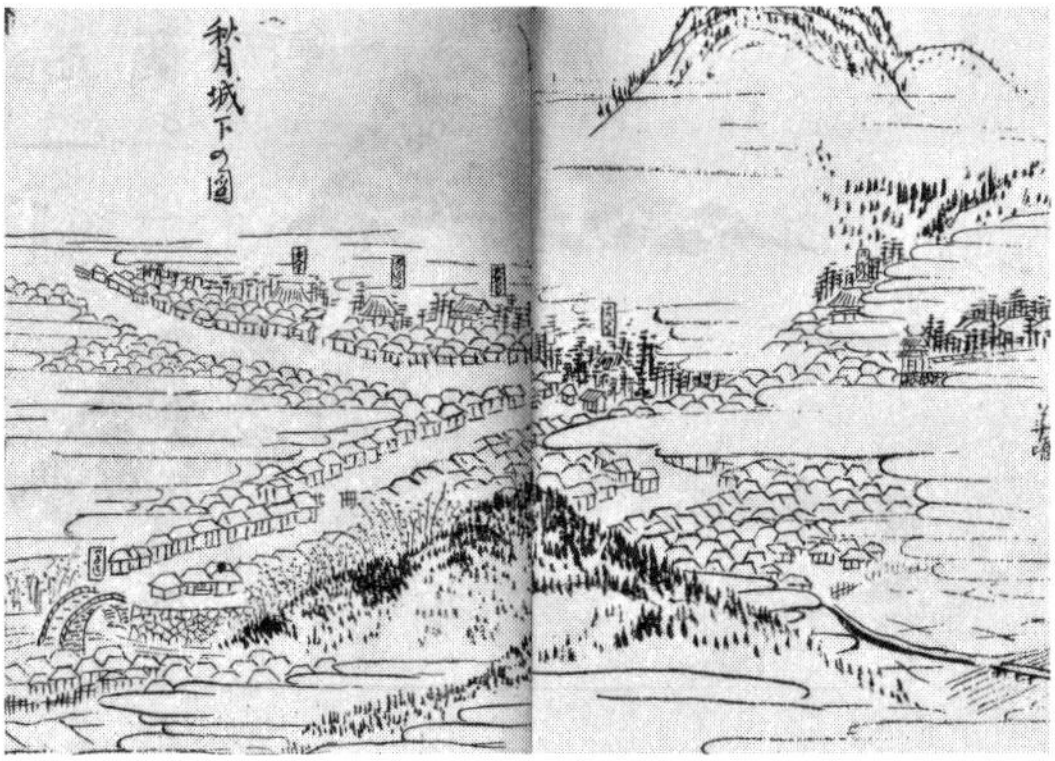

秋月城下図
（『筑前国続風土記』）

り。凡博多より甘木の間、人馬の往来常に絶えず。東海道のほか、この通りのごとく人馬の往来多きはなしといへり。信濃路、播磨路などは、これに及ばず」

という栄え方で、秋月の年行司になった四日町の遠藤家は大名貸しも行い、両替屋が多い日田に次ぐ金融の町でもあった。秋月藩も遠藤家や山領町の平井家、藤井家などから借入銀を行っている。秋月の領地内にありながら福岡藩の飛び地とされた甘木は、秋月藩にとって垂涎の町であったに違いない。

秋月の城下町は長興入国までは寒村で、まったく新しくできた町だった。

城下町の組織は、年行司・庄屋・組頭・長となっていた。

年行司は藩発足時には末次善入、坂口彦右衛門が年行司に任命された。しかし、宝暦の火災で末次家が衰えると甘木屋の遠藤家が年行司となった。遠藤家は甘木屋というように甘木宿四日町に店を構え、元禄六年（一六九三）、秋月に移転し、年行司に専念した。その後、年行司が五人になったときもあったが、安政五年（一八五八）から楠屋の三隈太平と遠藤家が務めている。

庄屋は三隈家が務めてきたらしいが、嘉永元年（一八四八）には坂口久一郎とあり、三隈家が年行司となった跡を受けたものだろう。庄屋は屋敷年貢（固定資産税）・店運上（売上税）を徴収した。組頭は三隈家の者が務めていたが、仕事の内容は不明である。長は各町にあり、町内の人々の世話をした。

城下町の人口は、家中三三七三人、市中二〇八〇人だった。

江戸時代を偲ばせる秋月の魚町から中町（昭和30年代）

町は、新富町（上町）・中町・魚町（下町）・今小路町・浦泉町の五町があった。

町の名産は「元結」と遠藤金川堂の「寿泉苔（川茸）」で、「元結」は二〇軒あり、婦人の副業として士分・町家の区別なく製造に携わった。また、葛粉も廣久葛本舗の「秋月葛粉」として名産となり、現在に至っている。

こうして発展してきた城下町は寛政十一年（一七九九）には秋月町から銀五貫目の運上があり、遠藤家は銀二貫を納めている。

武家の貧窮と内職

秋月城下は元和九年（一六二三）に新しくできた町だったが記録によれば二百四十五年の間に九回にも及ぶ大火にみまわれ、城下を焼失している。

延宝元年（一六七三）、釜屋吉左衛門から出火、上町・札辻・会所・中町・下町釘抜き・今小路を半ばまで焼失した。

貞享三年（一六八六）、大火事五一七軒焼失、鍛冶伊右衛門方から出火し、八丁口の釘抜き、浄覚寺の門ぎわまで焼失。

元禄十二年（一六九九）、大火事一八〇軒焼失、竹中与右衛門跡の屋敷と山崎佐助屋敷の門番右衛門の間から出火、折からの北風に乗って、野鳥橋、

文政以降の秋月城下の居住区分
（甘木市『秋月』より作成）

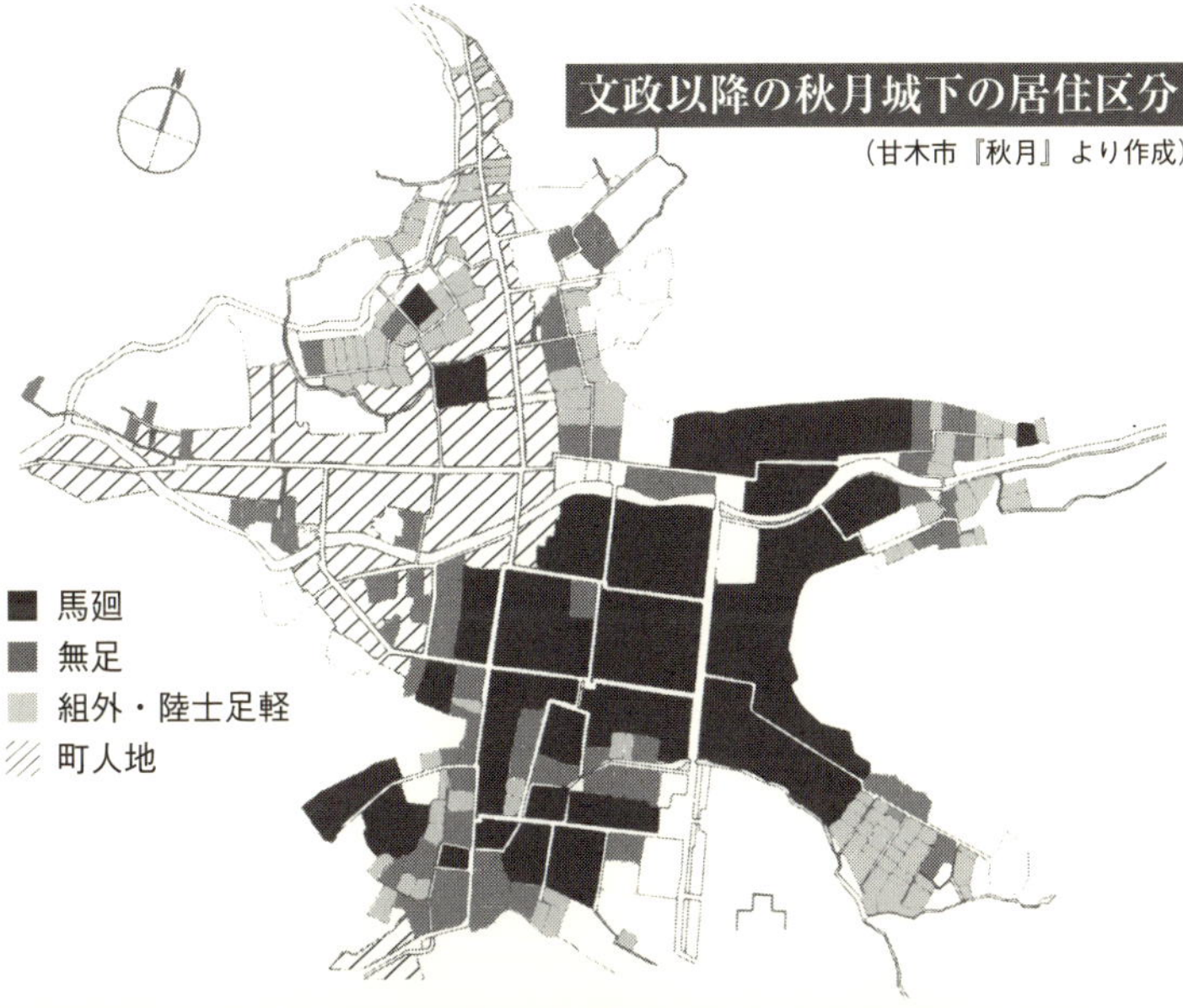

南は家中の大半が焼失した。復興に福岡藩から銀二万三二五〇両が与えられた。

正徳四年（一七一四）、大火事。五年、大火事、鉄砲丁坂田権太夫組足軽平蔵宅より出火、足軽屋敷二組、地方諸士宅二一家、切扶持沢二一軒など焼失。

享保十七年（一七三二）夕方、新小路より出火、家中の大半、郡屋・時打所・町家八三軒を焼失。

宝暦十一年（一七六一）、吉田彦太夫長屋より出火、鷹匠町・春小路・浅ガ谷の御屋敷から湯浦口の侍屋敷二〇軒ほど焼失。

宝暦十二年（一七六二）正月、一四一軒と寺二カ所焼失、上町から出火、侍屋敷四五軒、町家九六軒に西念寺と本証寺を焼失。

文化三年（一八〇六）九月、一六三軒焼失。十二年、大火事、北原喜平太宅から出火、折からの風で稽古観、杉馬場、鷹匠町を全焼。春小路・浅ガ谷、四ッ小路・浦泉町下溝口まで焼失し。武家屋敷七四軒・町家五三軒・百姓家三六軒を焼失。この後片付けに朝日触★から六〇六人、三奈木触から二〇〇人が駆けつけた。

文政十二年（一八二九）、三月、五八軒焼失。魚町の紺屋藤沢屋仁三次宅から出火、中町一九軒、魚町三九軒を焼失。火消は甘木からも駆け付けた。

火事の類焼が多かったのは屋根がかやぶきだったことがあり、瓦葺講をつくって瓦葺きをするようになり、大火がなくなった。

しかし、度重なる大火事は藩の財政を一層苦しくさせた。

左から、田代邸、戸波邸、久野邸。
藩士の屋敷はかやぶきで、火事になると類焼し、大火となった

「先年御当地火災以降、内続き御領分不作損耗、御借銀の御返済調い申さず、利息等相滞り、大分の御差支えに罷りなり」(『秋城御年譜』)。

町が再建はされたものの、財政の損失を補てんする年貢の方法もなく、家臣に対する倹約令と上米が相次いで、城下の疲弊ぶりは散々たるものだった。そのためこの二、三年の間は、御用(常勤)のない者は毎月、一日・十五日・二十八日のうち、一日だけ館に出仕すればよく、出仕には家来を召し連れることを免除し、服装も裃は不要で普段着でよいとした。館以外での会合には袴を着用しなくともよいと達するほどだった。家臣の窮乏ここに極まれりという惨状である。

天保四年(一八三三)の秋月藩分限帳《ぶんげんちょう》の家禄の最高は家老の千四百十一石、以下、五百石以下になり、家禄による暮らしぶりは、二百石以上三〇人は奢侈生活、百石以上五一人は武士生活、五十石以上の一八人は生活、二十五石以上九〇人はどうやら生存、二十四石以下の一三四人は生存不能とある(『福岡県史』)。

何と下士のほとんどが生計を維持できない家禄だったというのである。

このように、豊かさに向かう農民や商人の陰で、皮肉なことに繁栄を謳歌する元禄時代から武家の窮乏が全国的にあからさまになってきた。

『碓井町史』はこのことについて「藩財政窮乏の根本的原因は大名鎖国制という封建体制下の経済構造の矛盾にあった。農村から商業を締め出し、自給自足の生活を押し付け、一方では都市商業を振興しなければ領国経済が成立しない状態

▼触 管轄区域。

藩政時代の面影をのこす秋月(昭和10年頃)

だった。この意味では、古処山麓の僻村ばかりを領域とする秋月藩は、経済機構がもっとも不均衡な宿命にあった」と指摘している。

また、武家は朱子学という封建の精神論を学ぶだけで、算学がないため、経済や財政がまったく理解できなかった。町人や農民が商品経済で豊かになっていく仕組みが理解できなかったのである。そのため武家が家禄以外に現金収入を得るのは商人の下請けをする内職に甘んじるしかなかった。

前述のように秋月藩では出仕御免で、内職の時間は十分あった。

武家の貧窮は全国的で、徳川の御家人も内職にいそしんだ。江戸では浮世絵を描く仕事があり、安藤広重や幕臣ではないが渡辺崋山は絵描きで有名だった。その他、書籍の版木を彫る仕事、広い屋敷の敷地で植木や草花、万年青《おもと》を育て、鈴虫や金魚の繁殖、竹細工、凧つくり、絵の得意な者は団扇や扇の絵、凧絵、おきあげづくりなど様々な内職を請け負った。なかには青山の鉄砲百人組が組屋敷全体で傘づくり行い、「青山傘」で有名ブランドになったものもあった。江戸の商品づくりはこのような武家の家内手工業で成り立っていたといっても過言ではないのである。地方でも久留米藩は武家の内儀《ないぎ》がつくる「おきあげ」が有名だった。

秋月は小さな城下町だが、幸い近くに在郷一の商都甘木宿があり、内職のつてには困らなかった。あからさまな場合、禁止する場合もあるが、武家を貧困に追い込んだ上米続きは藩の失政で、その不足を補おうとする内職をやめさせること

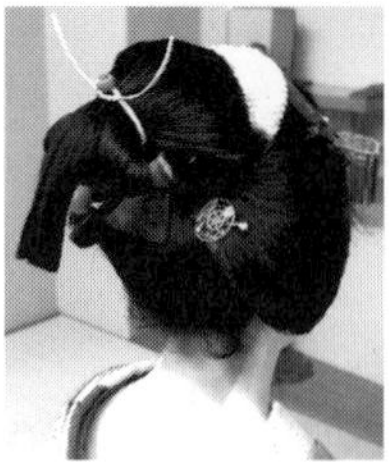
元結（髪を結う紙ひも）

筑前在郷一の町甘木（昭和初期）

はできなかった。武家は身分では最上位でも、経済では最下位だったのである。

新町創設で商家を増やし藩収を図る

織部崩れといわれた文化八年（一八一一）の政変の後遺症は大きく、門閥家老が崩壊した秋月藩は、身分を問わない広い層から家老を登用するようになった。十二月十五日、馬廻から知行三百石の吉田久右衛門が二百石加増され、家老に昇進し、また馬廻の井上庄左衛門、浅路信、臼井九十九、渡辺伊九郎が中老に昇った。九年、福岡藩から秋月御用請持《うけもち》として沢木七郎太夫が秋月藩に入り、財政再建を図ることになった。抜本的税制改革をやらねば財政改革などならないのだが、この時代、武家にはそういう発想はなかった。欧米に倣った税制改革に乗り出すのは幕末のことである。

一方、農村の商業化は年を追って進み、藩の規制を超えて発展していった。

「耕作の方、渡世不都合に候えば、売買の方に心掛けしか商人に相成り、また村端に店を出し、飴・菓子様物を商いし申し候。元手元候者は酒造を仕り、油を締め、肴を売り、小間物を売り候者多く成り候」

「夜須にては夫婦（女男）石・下渕・弥永・依井・阿弥陀ヶ峰・石櫃・下浦、下座にては横大道、そのほか嘉麻八反田は百姓の津出し（米集散地）の場所にて

下淵村

街道沿いの弥永の発展
（『三輪町史』）

店これあり。また上秋月の田代は豊前坊の前にていささかの店これあり候」

農村の商売が盛んになっては耕作がおろそかになるという心配から規制しなければならないとしていたが、農村は現在でいう六次産業化農業をやっていたのである。藩はこの流れは止められないとみて新町の町立てを考えた。

すぐ近くに在郷一の商都甘木があったが、甘木は福岡藩領で秋月藩への恩恵はない。そこで秋月藩は文政四年（一八二一）、日田街道沿いの甘木の手前、野町村小杉に新町を開いた。小杉は低湿地で農業に向いていない土地で、新たな活用が求められていた。この新町は依井新町と呼ばれるが、嘉永五年（一八五二）には秋月城下から小杉を通る往還をまっすぐ新町に向かうように付け替えている。

新町には九軒の町家を建て、このうち二軒を郡役所が、三軒を大塚組・山隈組・弥永組の大庄屋が建設、残りの四軒は四三島の大庄屋岡部森右衛門・岡部丈一郎、秋月の伊勢屋善右衛門、甘木の上野杢次郎が建て、現在でいうテナントを募って無運上で商売をさせることにした。岡部は秋月藩に一〇〇〇両を献金したほどの豪農、上野も秋月藩の有力商人で、岡部は酒屋、伊勢屋は醬油屋を出店している。

九軒で始まった新町は翌七年には倍の一八軒、慶応四年（一八六八）には町立て一〇〇間、町家六九軒に増え秋月の商品流通を担う商都になった。

嘉永六年（一八五三）
野町村小杉新町

隈江孫市	馬田村藤右衛門
牧原恵十三	下浦村角七
恵比須宮	利三郎
正兵衛	次一郎
秋月伊勢屋出店	利助
四三島森右衛門出店	杢次郎出店
作右衛門弟	作右衛門

（「記録」〔郷原家文書〕より作成）

商業地として発展した依井新町

商人の運上

運上は、商業・工業・漁猟者への税金で、諸商売運上、諸職人運上といった。

諸商売運上は商売の種類と経営規模によって運上額があり、往来札は二段階、志荷《しか》札は三段階あった。往来札は店を構えた商人で、志荷札は行商人の運上である。往来札は二二匁五分と一七匁の二段階、志荷札は一四匁と一一匁二分・八匁四分の三段階だった（桑野家文書『諸運上銀根帳』）。

運上は、往来札・志荷札のほかに、紙漉き・水車・鍛冶・藍染・酒造・麹・馬宿・塩・瓦・売薬・質屋・蜜・締油《しめゆ》・蓑・白銀・晒葛・鶏卵などに運上があった。

諸職人運上は大工・桶屋・木挽き・石工・左官・畳屋は二段階で、上が銀一匁と米一升、下が銀六分と米一升だった。家上葺《いえうわぶ》き（屋根職）上が銭二匁九分と米一升、下が銭に匁一部と米一升だった。

締場運上は、漁猟者に課され、捕獲許可地や罠や網に賦課された。

川運上は、川漁師は在方運上として米六斗を納めた。

櫨・楮運上は、郡役所が譲るさいの運上で、その他、茶畑運上・辛子田運上・煙草田運上・砂糖田運上・山札運上（野山の灌木や雑草を刈り取る許可料）があり、山林の用益に賦課する竹皮運上・茸《たけ》山運上・藪坪運上などがあった。

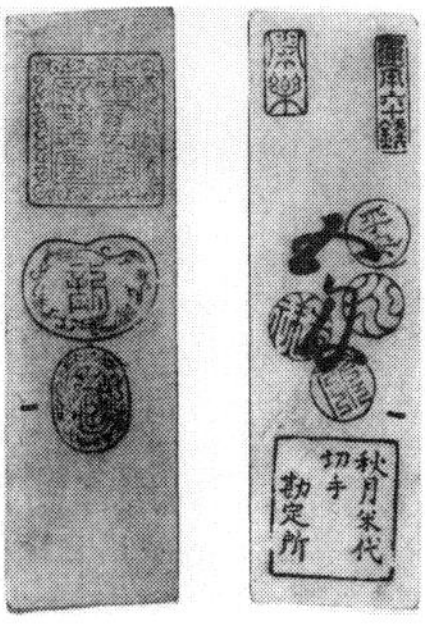
秋月藩札
（『甘木市史』）

これも秋月

究極のエコロジカル食品
名産川茸と葛

川茸製造

川茸元祖　遠藤金川堂

宝暦十三年（一七六三）、下座郡屋永村（朝倉市屋永）の遠藤幸左衛門が黄金川で青紫色の川茸を発見した。その苔を試しに口にした幸左衛門は、これはと思い「香味雅淡なるを以て必ず用得る処あるべし」とひらめいた。それからこの苔を海苔のように板状に加工する研究をはじめた。研究は子の喜左衛門に受け継がれ、喜左衛門が製法を確立し、寛政五年（一七九三）、藩主に献上したところ「寿泉苔」の名を賜った。

朝倉市屋永２９４９
電話　０９４６－２２－２７１５

廣久葛本舗・十代高木久助

文政二年（一八一九）、創業の廣久葛本舗は、初代久助が秋月特産の葛根の精製法に研究を重ね、終に純白の本葛を生み出した天然の食品である。

久助が藩主に献上したところ、ことのほか喜ばれ、将軍家への参勤の土産として献上の栄誉を受け、江戸でも評判となり、秋月においては廣久葛本舗だけの専売となった。その後時を経て先々代のとき、宮内庁御用の栄誉を受けた。

店には葛茶房「葛の花」が併設され、葛湯や葛菓子が楽しめる。

秋月の名産はくしくも、究極のエコロジカル食品であることが共通している。

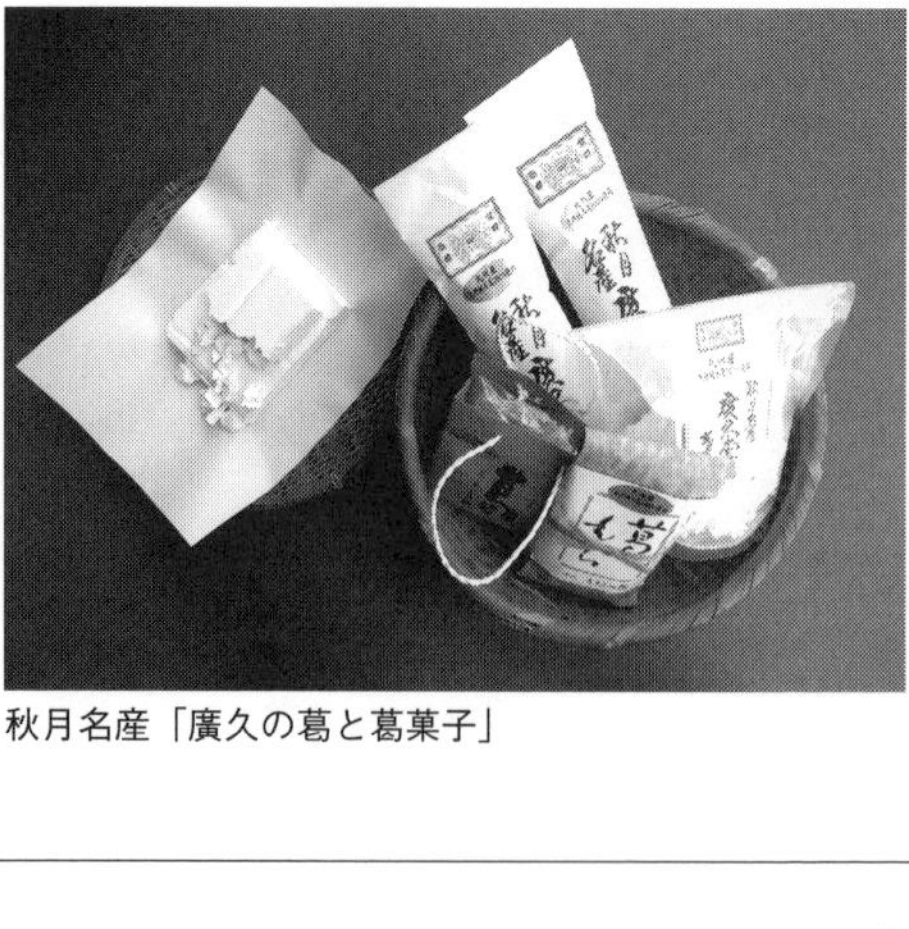

秋月名産「廣久の葛と葛菓子」

朝倉市秋月５３２
電話　０９４６－２５－０２１５

第五章 幕末と動揺する藩体制

開国と攘夷、変革を嫌う秋月藩はいずれの道も選ばなかった。

1 変革を嫌う秋月藩

幕末の開国に反対する攘夷運動は激しさをまし、戦国時代の再来を思わせた。しかし、辺境の秋月藩で攘夷も尊皇も広がらなかった。長崎警備で西洋との交流の機会がありながら開国と新しい西洋文化も受け入れず、古法に固執し、変革を嫌う藩士は新しい時代の波に乗れなかった。

尊皇攘夷の魁、海賀宮門

幕末の動揺はこの山間の小さな藩にも押し寄せた。秋月に狂信的な尊皇攘夷論をもたらしたのは海賀宮門《かいがあやと》★という青年だった。

宮門は天保五年（一八三四）正月元旦、秋月藩無足、揚心流柔術師範海賀藤蔵の嫡男に生まれた。嘉永四年（一八五一）、十八歳のとき久留米藩明善堂の池尻茂左衛門に学んだ。儒学者の池尻は生涯攘夷を捨てなかった男で、この池尻の同志が久留米の尊皇攘夷派のリーダー真木和泉だった。

真木は博学だったが欧米のことや洋学についてはまったく無知な、観念的で過激な攘夷論者だった。宮門はこの真木の激烈な尊皇攘夷思想の洗礼を受けた。

その後、真木らの紹介で肥後や薩摩を訪れ、尊皇攘夷派の同士と時勢を語るが、

▼海賀宮門
「あやと」また「くもん」ともある。

海賀宮門

豊後の小河一敏、日向慈眼寺の僧胤庚、薩摩の伊牟田尚平、是枝《これえだ》柳右衛門など、会った者のすべてが観念的な尊皇攘夷論者で、西洋の優れた学問を学んだ者はいなかった。遊歴を重ね安政六年（一八五九）の春、秋月に戻った宮門は、この尊皇攘夷を説くが、戸原卯橘、宮崎車之助、時枝作内、坂田半蔵ぐらいにとどまった。それどころか攘夷や開国など変革を嫌う秋月藩では藩政に異を唱える者として、文久元年（一八六一）、嘉麻郡屏村の宇土浦に幽閉された。屏《へい》村は秋月から二里半ばかり、峻険な八丁峠を越えた山麓の僻村だった。そのなかで弟の直常が監視の目をかいくぐってときおり訪れ、他藩の同士との連絡役を引き受けてくれた。

文久二年三月十日過ぎ、下関から二通の便《たより》があった。

一通は小河一敏、もう一通は平野二郎からだった。

そこには驚くべきことが書かれていた。四月、薩摩の島津久光が兵一〇〇〇を率い上京、併せて同士が上京し、天皇を擁して討幕の旗を揚げるというのである。もちろん、これは小河や平野のかってな妄想でしかないのだが、幽閉されていた宮門にはその間の事情はわからない、しかし、宮門は決断した。

三月二十四日早朝、父・母・弟・妹そして藩庁に「国家の危急が迫っており、宮門が秋月藩に代わって、幽閉中なるもわが身を捨てて藩のために身をなげうつことにした」と、書状をしたため、二十四日の夜、宇土浦を脱走し、小河を追って大坂へ向かい、四月五日に薩摩藩邸の二八番長屋に入った。

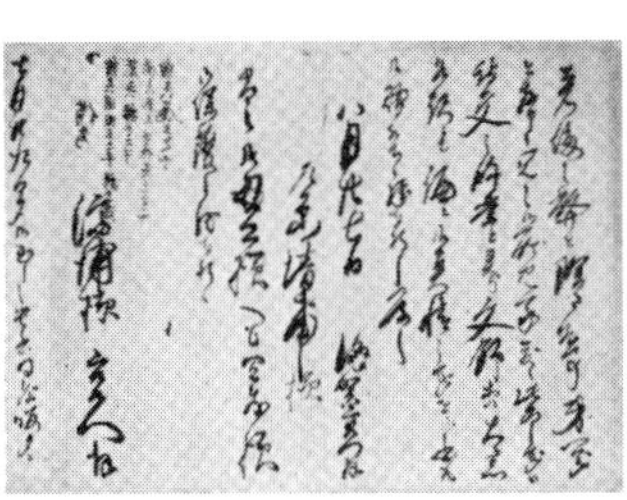

海賀宮門書
（秋月郷土館蔵）

真木和泉
（太宰府天満宮宝物殿蔵）

　四月十六日に入京した久光は朝廷から浪士鎮撫の命を受けた。これが浪士に伝わると悲憤慷慨、薩摩の過激攘夷派と真木和泉や田中河内介らが関白九条尚忠と京都所司代酒井忠義を暗殺し、その首を久光に奉じることで窮地に陥らせ、挙兵に追い込もうと謀議、薩摩藩の常宿伏見の寺田屋に集結して決行しようとした。

　このテロは秋月藩に知らされ、四月二十日、江戸家老箕浦《みのうら》主殿が宗藩の江戸家老立花山城に「宗藩主長溥様は、京坂之模様により御引返相成候由」と伝えている。秋月藩主長徳も上京を取りやめている。一方、四月二十三日、これが久光に伝わると久光は激怒、家臣の奈良原喜八郎、大山格之助、道島五郎兵衛ら九名を中止説得に赴かせた。ところが説得に応じない薩摩の過激攘夷派有馬新七、田中謙助、橋口壮介らに、鎮撫役の道島が君命に従わぬのかと詰め寄り、「上意」と叫んで抜き打ちした。それとともにたちまち乱闘となり、過激派六名を上意討ち、二階にいたほかの薩摩浪士は投降した。謀議に加わっていた真木和泉ら久留米藩の者一〇人は久留米藩に引き渡され、そのほかもそれぞれの藩に引き渡された。

最後に引き取り手のない浪士は薩摩に引き取ると申し渡され、田中河内介、子の瑳磨介、田中の甥の千葉幾太郎、中村主計、青木頼母に、秋月藩の海賀宮門は田中に同行すると秋月への帰藩を拒み、浪人扱いとなった。

　薩摩の浪士引き取りは、処刑を意味していたが一行は気づかなかった。

五月一日、一行は二手に分かれ、第一船に田中河内介と子の瑳磨介と薩摩藩士、

寺田屋

島津久光像
（尚古集成館蔵）

第二船は海賀宮門、千葉幾太郎、中村主計と薩摩藩士に、護送役と警護の足軽が分乗し薩摩に向かった。

舟は明石沖に差し掛かり、日が落ちた頃、河内之介親子は甲板に連れ出され、二人は帆柱に縛られ、処刑された。屍体はそのまま海に放りこまれた。

第二船はそのまま走って五月四日、日向細島港の入り口の高島で停泊した。

翌日、浜に磯物を取りに行った村の娘から、三人ほどの武家らしい男が死んでいると届け出があった。細島は天領で、富高陣屋から役人が駆けつけ、検死を行った。一人は屍体のそばにあった下帯に書かれた「黒田家臣海賀直求」という名から宮門とわかった。傷は頭・首・胸・腹にあり、背中に三寸から一尺ほどの切疵が四カ所ほどあった。状況からなぶり殺しにあったとされた。ほかの二つの屍体も同様の切疵を受け、むごたらしい状況だった。

三人とも丸腰で、右手や左手を縄で縛られ、海賀と中村は褌も脱がされていて、罪人に対する処刑のやり方だった。六年後の慶応四年(一八六八)、薩摩藩が富高陣屋を占拠し、三人の検死書類を没収し、町民に事件の口外を禁止した。ところが、宮門の検死書が残っていて、宮門は同士と思った薩摩藩士から処刑されていたことがわかった。

しかし、宮門は国家の危急を救うといいながら、ことばと裏腹に九条関白と京都所司代の酒井忠義の卑劣な暗殺謀議に加担したテロリストで終わった。

日向細島

宮門墓

生野の変と戸原卯橘無惨

戸原卯橘《とはらうきつ》もまた、尊皇攘夷の流行に冒された青年だった。

卯橘は天保六年（一八三五）一月十一日、秋月藩納戸役藩医戸原一伸の三男に生まれた。嘉永三年（一八五〇）三月、十六歳の卯橘は肥後熊本の木下業弘の門下生となり、漢学を修め、次いで左伝会・文会・近思録を学んだ。近思録は薩摩の西郷や大久保も学んだが、彼らも蘭学や異国の文化を学ぶことはなかった。

一年の遊学を終え秋月に戻った卯橘は稽古館に復学し、日本外史を学ぶ読書会で、やはり尊皇攘夷を信望する海賀宮門と知り合い、影響を受けた。

尊皇攘夷は流行りの思想で、若者ほど感化された。

現代でもそうだが、地方の若者は外国文化より東京の文化にあこがれる。それは若者特有の強がりの裏に隠された臆病さなのだが、当の若者がそのことに気づいていないのは、昔も現代も同じである。

嘉永六年、ペリー艦隊が浦賀に現れた年、卯橘は医術修行のために福岡赤坂の医師田中元立の下へ行ったが、ここで筑前勤王党の月形深蔵に接して、激烈な尊皇攘夷思想に洗脳された。福岡藩では藩校修猷館の総請持の竹田定簡《さだひろ》や右筆詰用人の加藤司書が、蘭学振興や洋式兵制を説く藩主の黒田長溥を「殿様は愚昧《ぐまい》（お

戸原卯橘
（秋月郷土館蔵）

ろか）だから」と蘭学を無視して国学を進め、尊皇攘夷に傾倒していた。

安政二年（一八五五）七月、幕府は長崎に海軍伝習所を開き、福岡藩は二八名の伝習生を送っている。このとき来日したオランダ軍医ポンペに学ぶために幕府御医師松本良順が漢方医の非難をかいくぐり長崎へ下った。

安政四年、ポンペを師に正式に長崎医学校として発足した。長崎医学校は自然科学から始め、基礎医学・臨床へと進むわが国初めての近代医学を学ぶ本格的な五年制の医学校だった。学生は幕臣だけでなく諸藩から募り、四五名が学んだ。

明治日本の医学と医療体制をつくったのは長崎医学校の卒業生だった。

しかし、卯橘はこのような新しい医学に目を向けようとしなかった。

これには洋学を受け入れなかった秋月藩の土壌もあるようだ。この頃、筑前筑後の医術修行者は大坂の蘭医学塾・適塾をめざしたが、秋月からは華岡青洲の合水堂は多かったが、適塾入門者はいなかった。

安政三年正月、二十二歳の卯橘は江戸遊学に出た。帰国後、卯橘は海賀宮門と長崎へ旅に出ている。秋月から山家宿へ出て長崎街道に入るが、ここで「モロヒネという薬が西洋から入っているので、国中に対し、このような毒薬を絶対に売買してはならぬというお触れが出た」ことを知る。漢方医学もまともに学んでいない卯橘には蘭医が外科手術に使う麻酔薬も、洋夷の脅威としか受け取れず、ますます攘夷の志を堅くして、長崎に向かった。

長崎医学校（『日本滞在見聞記』）

ポンペと学生。前列左から二番目、松本良順

開港して三百年になる長崎には「攘夷」ということばがない。

異国人が町を行き交いしても長崎人には普通のことだが、辺境から来た卯橘には何もかもが異常に見えた。このとき長崎医学校ではオランダの先進の医学で、世の人々を救いたいと多くの医学生が学んでいたのだが、卯橘にはそのような考えはなかった。異人の医学などもってのほかだったのだろう。

そしてこのように異人を神州で跋扈《ばっこ》させるようになったのは、幕府が国を開いたためで、日本を立て直すためには、天皇のもとに民心を一致し、まず、幕府を討ち、次いで異人を追い払い鎖国に戻さねばならぬとなっていくのである。

焦る卯橘は藩に対して、尊皇討幕のための上書（建言）を行っていくが、幕府を討って、天皇の世にという反逆の意見が受け入れられるはずがない。文久二年（一八六二）九月四日、幽囚された。翌三年、幽閉中に八月十八日の変を知った卯橘は「皇国の危急興亡の時、国恩に報いるため」八月二十六日夜半、脱藩した。

このとき土佐浪士吉村寅太郎らの天誅組の大和挙兵、但馬で浪士平野二郎らの生野挙兵があり、卯橘は生野に参加した。しかし、天誅組の失敗を聞き、平野は気をそがれ自重論を唱えたが、卯橘は「屈強の勇士三百人、農兵もまた数千人、及び鉄砲三千挺を備え、器械弾薬もまたこれに従う。兵糧も悉《ことごと》く用意され、しかも兵学に達した有志も但馬に埋伏し、軍事にとってはよほどの人材を得たれば成功疑いなし」と決行を主張した。総帥沢宣嘉《のぶよし》、側役田岡俊三郎、総督平野二郎、

長崎の外国人居留地

平野二郎

卯橋は議衆となった。続々と集まる農兵を見て「すわ一揆」と幕府は出石《いずし》、姫路の両藩に討伐に向かわせた。ところがその夜、総帥沢は巡視と称して本陣を抜け出し、「すでに大和陥落の上は、応援も詮無く故脱出する」と、逃亡してしまった。総督の平野も逃亡した。平野は元々煽動者であって、革命家ではないのである。若い卯橋はそのような平野らの口車に乗せられたに過ぎない。

翌日、総大将をはじめ幹部が居ないことを知り、騙されたことを知った農兵は怒りに燃え、残った幹部らを襲った。昨夜の挙兵の勢いがうそのように農兵に囲まれた幹部らは逃げる場を失い、農兵が放つ銃弾に倒れる者、自刃する者、差し違える者と修羅場になった。卯橋が一夜の夢を悔いても遅かった。追い詰められた卯橋は、いまはこれまでと岩から飛び降り、無惨な最期を遂げた。

維新後、尊攘派による暗殺や強盗、焼き討ちなどのテロはすべて皇国史観で義挙とされたが、町を焼き尽くし、テロを行い、平和に暮らしている民を犠牲にして野望を遂げるなど、どんな時代にあっても「義挙」であるはずがないし、天皇から「逆賊」と指弾された彼らを「勤皇の志士」と称える根拠は何もない。

この頃、脱藩して上京した佐賀藩の江藤新平は、京都で暗躍する攘夷派に会ってすぐ失望した。理論派の江藤からすると尊攘派は「すべてその攘夷や討幕の手段の具体的な策はなく、格別英明な方も及ばず」、その多くは尊皇攘夷を口上に、薩摩や長州の金を目当てに「収名貪功」している亡者だけだというのである。

『生野の変』に描かれた戸原卯橋

生野の変碑

秋月藩唯一の開明派臼井亘理

開化の幕末にあって、ふしぎなことに秋月藩には異国の先進の文化は入ってこなかった。秋月も長崎警備で異国文化に触れたと思われるのだが、先進の文化にあこがれるというよりは、巨大な軍艦を見て懼《おそ》れ、脅威を覚えた者の方が多かったのだろう。宗藩の中老加藤司書がまさに異国脅威論者だった。

加藤は長崎警備で巨大なロシア鑑を見て「神州日本を侵しにやってきた異敵禽《きん》獣」だと思った。このような巨大な軍艦を自在に操るロシアに学んで、日本も対抗できる軍艦をつくるべきだなど、まったく思わなかったらしい。

薩摩や長州、佐賀、久留米など先進の藩が富国強兵を目指して、兵制を洋式に転換していくなかで、福岡藩は尊攘派や三九流もあった砲術師範が洋式兵制や洋式銃の採用に反対し、洋式兵制ができなかった。福岡藩は十代藩主斉清、十一代長溥と蘭学を自ら学び、理解が深かった。世界情勢や軍事事情に詳しく「蘭癖大名」と呼ばれた長溥が、洋式兵制の採用を藩士に説いた。

「当家の軍法は格別に候えども、いまを去る二百余年前のものであり、今日に通用するとは覚束《おぼつか》ない。異国においてはこの間も戦争が絶えず、鉄砲・大砲など実践に即し、当家においても採用すべきである」

ロシア艦入港図

これに対して加藤らの攘夷派は「孝明天皇の異国嫌いを背景に、西洋調練を嫌う尊攘派が勢力を拡大し、重臣たちを動かして西洋調練の導入を阻止した」（「福岡藩における西洋軍法の導入と抵抗」梶原良則福岡大学教授）。

「安政四年（一八五七）の西洋軍法採用は家臣の抵抗にけん制されて軍備の近代化を実現できなかった」（檜垣元吉九州大学名誉教授）。

藩士は保守的で、一方、中老の加藤司書が率いる尊皇攘夷派にくわえ、藩儒月形深蔵とその子洗蔵が率いる筑前勤王党が尊皇攘夷を叫び、また、三九派もあった砲術師範も結束して洋式兵制を拒否した。宗藩がこの状態である。守旧的な秋月藩にいたっては、兵の洋式化など話題にもならなかった。

秋月藩の砲術は、磯流・高野流・林流・久佐流・河野流・陽流・若松流・板倉流の八流があったが、その銃砲は三百年も前の火縄筒だった。

藩主長元は、宗藩に倣ったかのような秋月藩士の守旧的な態度を案じていた。そこで鉄砲頭で洋式兵制に理解があった臼井亘理《わたり》を公用人として抜擢し、且つ長崎聞役を命じ、洋式銃や洋式兵制について調べさせた。

因循固陋な藩士が多い秋月藩にあって、臼井亘理は唯一開国開明派だった。

亘理は文政十一年（一八二八）正月二日、中小路の三百石家老臼井儀左衛門（游翁）、妻冬子の嫡男に生まれた。儀左衛門には八人の子女があった。

二男渡辺助太夫、三男上野四郎兵衛（月下）、四男山田省己、長女利子（小林伝

長崎警備の福岡藩
（福岡市博物館蔵）

長崎海軍伝習所
（佐賀城本丸歴史館蔵）

太夫妻）、二女峰子（英彦山修験門之坊妻）、三女道子（高橋訥平妻）、四女幾子（佐賀県養父郡眞木村豪商八坂妻）である。

臼井家は元々の黒田藩士ではない。臼井家の始祖臼井（門名《かどな》）次郎右衛門種宣《たねのり》は秋月家に仕え、嘉麻郡上臼井庄に領地を与えられ住んだ。

秋月種実は島津に与していたが、天正十四年（一五八六）七月、秀吉の九州攻略にあたり、臼井は秀吉の偉大さを知って、その傘下に属することを種実に進言したが、聞き入れられず、秋月家を致仕し、臼井庄で家臣とともに帰農した。

慶長五年（一六〇〇）十二月、黒田長政が新たに筑前を与えられ、新領主として入国した。長政の一行が豊前と筑前の国境の鳥尾峠に差し掛かったとき、日は早西に落ち夕闇となった。そこへ長政の家臣後藤又兵衛の計らいで臼井が提灯一五〇張りで、夜道を明々と照らしながら、嫡男六郎兵衛宣茂《のりしげ》、二男儀左衛門宣《のり》教《あつ》以下、郎党三〇〇人と道脇に並んで、長政を迎え、長柄《ながえ》（槍）一五〇本・持筒（鉄砲）一〇〇挺・馬代金を献上し、夜道を名島城まで先導した。長政はその心を大いに悦んで家臣に迎えた。爾来《じらい》、臼井と又兵衛の交友は厚く、又兵衛が黒田家を退国したさい、臼井に槍一本・弁当一荷・鞍一荷などを形見に残したという。

元和九年（一六二三）十月、長政の二男長興が福岡藩から五万石を分知され、秋月に新しく秋月藩を開いたさい、種宣の嫡男宣茂が百五十石馬廻として随従した（元和九年の『勘解由に付る知行取之帳』では、臼井次郎右衛門とある）。

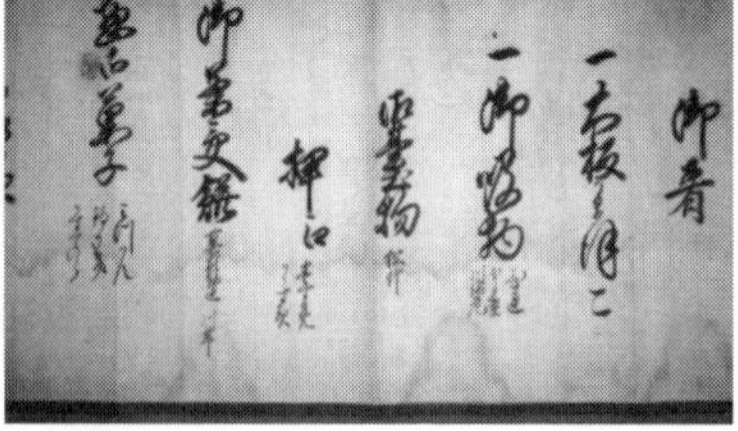
長政御成献立
（臼井家蔵）

臼井一族の墓（嘉麻市）

以来、臼井家は要職を務め、亘理の父儀左衛門は家老だった。

亘理は長じて剣術を松村蕪翁、槍術を吉村武太夫、そのほか馬術など武芸を学び、学問は老儒近藤桝翁、中島衡平《こうへい》に学んだ。亘理が開明的になったのは開国近代化を説く中島の影響が大きい。その後成人して江戸に出、佐藤一斎、大橋訥庵に学んで、その学を賞せられ、帰藩後は藩校稽古館の助教となった。

安政四年（一八五七）、父の跡を継いで家督を相続し、馬廻組となった。妻は宗藩大組七百三十石喜多村弥右衛門の娘清で、嫡男六郎、長女つゆがあった。

この頃、亘理は十代藩主長元の覚えめでたく、まもなく物頭に取り立てられ、鉄砲組を率いたが、一年後、馬廻頭に昇進し、その後さらに用役となった。

文久元年（一八六一）、公用人兼長崎聞役となった亘理は、大藩が学生を長崎に派遣して欧米の学問を学ばせていることを知って、坂田諸遠《もろとお》を学生として伴った。洋学を学んだ坂田は維新後、秋月で新政府に出仕した唯一の藩士になった。

長崎では漢訳の六合叢談（世界情報）・新舊約全書（聖典）・欧米の兵書・経世書などの専門書を購入して藩に持ち帰り、若者の育成に役立てようとした。

幕府が咸臨丸を米国に派遣し、蒸気船を保有する藩も多くなり、世界との交流が発展していくこれからの人材養成は、従来の朱子学一辺倒では覚束ないと思ったからである。

また、亘理は諸藩が富国強兵を図り、洋式兵制採用を競っていることを知って、

異国船が多い長崎港

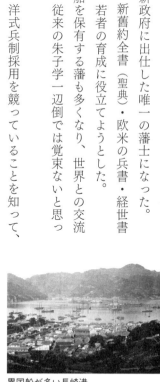

同列の吉田彦太夫と計って洋式兵制の採用を長元に建言した。

家中一統大反対の中での西洋調練

慶応二年（一八六六）夏、長義の跡を継いだ十二代長徳が宗藩へ出向いたさいに、藩主長溥《ながひろ》から西洋軍法の話を聞いて、当藩でも導入を図ろうと、慶応二年十一月九日に諸役以上に伝え、十一日に大書院で半礼・陸士以上の子弟に、藩主自ら直達した。

諸役直達（一部略）

一統承知の通り、天下の形勢切迫に及び候に付き、軍備に付き重役どもに評議の次第これあり、しかるに当夏本藩へ罷りこし候節、西洋軍法並び鉄砲の儀につき話の次第もこれあり、かつ諸藩ももっぱら相用候事につき、この節、西洋小銃取入れ、撃ち方につき調練までも伝習ないたす候に評決せしめ候。

諸士直達（一部略）

一、天下形勢切迫にあり、家中一統一致一和で敵に臨むこと
一、当夏、本藩宰相公より西洋軍法採用の話があり、当藩でも検討する

福岡藩主黒田長溥

一、まず、西洋銃を買い入れ、長崎より、軍法師範を招く
一、攘夷といえども、その軍法や器械（銃砲）までも拒否すべきではない
一、西洋軍法を導入すると雖も、従来の刀槍修行を否定するものではない

その上で、亘理に命じて西洋調練を始めることになったのである。

「旧藩歴」には「慶応二年十一月十二日、洋式調練を開始す」とある。

調練開始といっても、指導者がいなければ調練はできない。

長崎には洋式調練の師範が多かったので、亘理は長崎聞役の坂田九郎右衛門に師範周旋を頼み、坂田が村次鉄之進を推薦し、秋月に招いた。

村次は英式調練師範として著名だったようで、久留米藩も慶応二年三月に招いて指導を仰いでいる。秋月藩は久留米藩と代々仲が良かったので、村次が久留米で、十月まで指導することを知って、十一月からの指導を頼んだのだろう。

西洋調練は物頭筆頭佐々幾右衛門・布施組、磯与三太夫・八丁組、明石彦兵衛・浦田組に命じ、隊士一〇〇名を選抜して「新撰組」と命名し、新撰組頭に山田金六郎・江崎太一郎（浦池道夫）・菊池其槌・梶原弥兵衛を任命した。また、平士より宮井佐平太他数名を抜擢し、一組兵士一五名として、英式調練を開始した。

調練は始まったものの、家中一統轟轟《ごうごう》たる非難のなかでの調練だった。

直達に「西洋銃は現在も戦場の実施を踏み、窮理の調練と聞き候間、試しに調

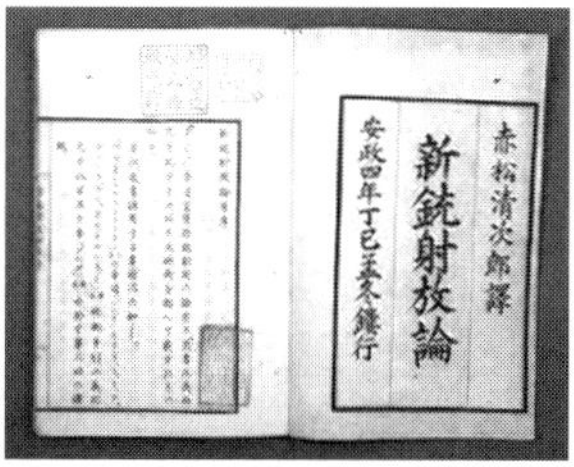

『新銃射放論』

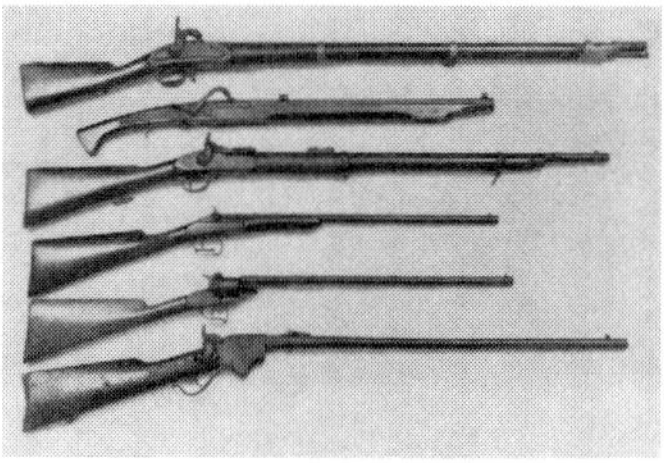
欧米輸入銃

練も伝習いたさせてみたく、そのうえ彼我（西洋銃と火縄銃）比較、あるいは当時戦争の実話など参考の上、きっと長所を取り用いたく存じ候」とある。

八流ある銃砲術の師範に対する藩庁の気の使いようは尋常ではない。

薩摩藩など斉興のとき、西洋銃と火縄銃を試射して、比較させ、圧倒的な西洋銃の性能を見て、その場で、西洋銃と西洋軍法の採用と一銃一兵を決定したが、秋月藩ではそうはならなかった。眼前の事実を見ても、認めず、洋式兵制導入はもちろん、異国の文化や先進の藩の藩政改革も家中一統大反対で、まったく受け入れなかった。藩士は変革を嫌い、伝来の古法に固執して、新しい時代へ踏み出そうとしなかったのである。また洋式軍事訓練で、亘理が着ていた洋装の軍装も非難の対象になったとある。攘夷を標榜する宮崎車之助一派の反対は激しく、「亘理討つべし」という声まで上がったという。

彼らは薩長を例に挙げ、攘夷を要求したが、薩長は薩英戦争・馬関戦争を経て、兵制や軍備は洋式を取り入れ、軍備を整えたうえでの攘夷ということを知らずに、海賀宮門や戸原卯橘が唱えていた幼稚な攘夷を主張していた。

そのような事実を無知蒙昧な宮門らが知らなかっただけである。

家中反対の中で、亘理の開明的な施策を支援したのは亘理の師の中島衡平や、亘理の藩政改革に希望を見出した一部の藩士たちだった。

戊辰戦争時の福岡藩士の軍装
幕末、多くの藩が洋式兵制だったが、秋月藩は採用しなかった

秋月党の乱時の、秋月の砲兵の軍装
（秋月藩林流抱え大筒保存会）

②秋月藩の幕末

福岡藩主黒田長溥も秋月藩主黒田長元も自ら長崎に行き開明的だったが、宗藩も秋月も黒田武士は異国を恐れ、西洋文明の進取の気概がなく、洋式兵制や洋学を徹底的に忌避して、維新に遅れた。

天皇から嫌われた尊攘浪士と長州

宗藩の福岡藩は長崎警備の役目柄、ペリー来航を一年前から知っていた。オランダから幕府に奏上された「ペリー来航」に関する情報を長崎の通詞から密かに入手していたのである。これが秋月藩にも伝わっていたのか、江戸藩邸の者だけでは警備の人数が不足するとみて、馬廻の吉村半三郎ほか六人を派遣しようとしたが、その前にペリーが去り、取りやめたということがあった。翌年の再来航には藩邸から八〇人を警備に出している。ロシア艦の大坂湾侵入のさいも、蔵屋敷から警備を出している。その上で国許では石火矢（大砲）製造のために藩内から献金や赤銅などの供出を命じた。

このようななか、万延元年（一八六〇）八月八日、十代藩主長元が退隠して、

ペリー来航時の警備の武士
秋月藩士も甲冑姿で警備にあたった。

十一代藩主に嫡子の長義がなった。しかし、生来病弱で、文久二年（一八六二）五月、症状が急変し、急ぎ弟の岩虎を国許から出府させ、養子に迎え、長義は翌月没した。岩虎は長元の側室の子で他家に養子に出すことになっていたが、直系がなく長徳と名乗らせ、十二代秋月藩主となって、九月に国入りした。

同年七月、宗藩に右大臣二条斉敬《なりゆき》から「公武周旋と攘夷問題」について、内勅があり、藩主長溥は「公武一和、国内一和の後の攘夷」を藩の方針とした。

世は動乱の時代に突入していた。

朝廷の長州派公家三条実美らは偽勅を乱発し、そのなかで「大和行幸の後で、帝は火を放って京中を焼き払い、還幸之叡念（御所に戻る心）を断ち、直ちに錦の旗を箱根の山に進め、幕府討伐の兵をあげる」というクーデターを謀っていた。天皇は大和行幸に隠されたクーデター計画を知って「三条実美は逆賊である」と怒って信頼する近衛忠熙《ただひろ》を使いその女官を京都守護職松平容保のもとへ走らせ、「奸人朝堂を左右し、いまや偽勅の行われること甚だし、朕の真意を会津に伝えよ。事あるに臨んでその力を借りんと」と助けを求めた。容保は薩摩とともに「八月十八日の変」で、三条や長州のクーデターを阻止した。

天皇は長州に呼応してクーデターを謀ろうとした公家の三条実美ら七公家を公卿の身分をはく奪して都から追放した。

実権を取り戻した天皇は「これまではかれこれ真偽不明の分在り候えども、去

七卿落ち図
八月十八日の変で天皇から京都追放になった三条ら７人の公家。
（大宰府天満宮宝物殿蔵）

三条実美

十八日以後、申し出の儀は真実の朕の存意」（『孝明天皇紀』）と発している。

ところが御所の警備役を解かれ、都を追われた長州は攘夷浪士を率いて上京、元治元年（一八六四）七月十九日、御所を襲い「禁門の変」を起こした。

孝明天皇はこれを怒り、長州征討を命じた。

天皇の意を受けて幕府は諸藩に出陣を命じ、長州征討に向かった。

このとき幕命で出征した宗藩の中老、筑前勤王党の加藤司書は同腹の長州を征討する気はなく、内々《ないない》に「伏罪書の提出・五卿の転座・山口城の破却」をもとに、幕府方参謀大島吉之助（西郷隆盛）に働きかけ、調停でこの征討を収めた。

内々にというように加藤は征長軍の軍議に一切出席せず、公式記録『征長出陣記』に福岡藩も加藤の名もなく、勤皇と言いながら勅命に従うこともなかった。

五卿大宰府転座にも筑前勤王党の働きがあったが、この裏には功山寺挙兵で内乱を起こしたい高杉晋作への軍資金供与の取引が疑われ、月形洗蔵は五卿転座の費用の藩の公金一五〇〇両使途不明で、のちに公金横領の罪で処刑されている。

この頃天皇は将軍家茂との仲が良く、「王政復古」などありえなかった。

天皇は生涯を御所内で過ごすため世間や世界のことを知らず、天皇が唱える攘夷は、単に「異敵禽獣」とした異国嫌いだけだった。

しかし、攘夷派は天皇の無知につけこみ討幕と「王政復古」を狙っていた。

実は攘夷も尊皇も単なる口実でしかない。尊皇攘夷運動は全国を揺るがし、幕

福岡藩長州討征出陣図（『旧稀集』）
（福岡市博物館蔵）

藩体制を動揺させ、倒幕の目が見えてきたが、その中心になった層は下士で、七百年の武家政権で初めて下士の天下取りがなる夢の実現が見えてきたのである。薩摩の挙兵は久光も知らなかった。つまり「下克上」だが、倒幕の中心となった薩摩の下僚大久保利通や平公家の岩倉具視は武家が忌み嫌う「下克上」をカモフラージュするために、傀儡《かいらい》に天皇を擁する「王政復古」としただけなのである。

筑前勤王党の三日天下

福岡藩では、長州周旋の働きで筑前勤王党の藩内での発言力が増し、二月、大老★黒田播磨らが、藩主長溥や子の長知の反対を押し切って、加藤司書を家老職としたのを始め、藩の要職に勤王党の面々を配した。福岡藩は勤王党の天下になったといわれた。藩政に躍り出た勤王党は「勤王過激輩、矢野・加藤両家老のお宅へ日々寄り集まり、御政体そのほか御改正筋様々集議しおり候」と藩政改革を論じ、ことを性急に進めた。藩主の側用人を廃し、側近を遠ざけ、その主張を長溥に直接要求するなど、次第に藩主の専制権を侵すようになっていった。

そのため世間では「御家老矢野、加藤を世評勤王大将と申し候」とうわさするようになった。矢野など長州再征にさいし「このたびの再征には反対が多く、下級武士でも名分の立たぬことには君命と言え聞かず、これを強制すれば脱藩する

加藤司書
（節信院蔵）

▼大老
福岡藩は代々、三奈木黒田氏を大老とした。

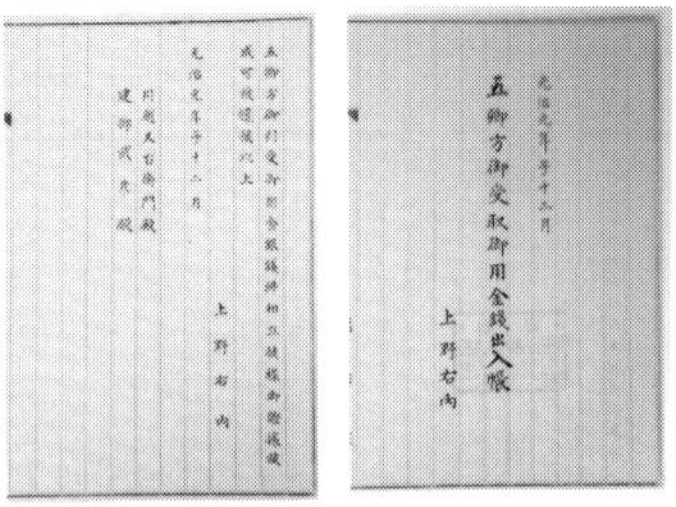

五卿方御用金金銭出入帳
（福岡市博物館蔵）

か、指揮者を斬り殺すかで、いまこのような輩が多く出兵はできない」と藩主の長溥を恫喝《どうかつ》する始末だった。矢野や加藤はこの機会を逃さず、福岡藩を「一藩尊皇攘夷」として倒幕を謀ろうとしていた。長溥が了承しない場合、退隠させ、養子長知を担いで、クーデターを起こそうとした。そのために藩内で反対派の暗殺も辞さなかった。一方、五卿の大宰府転座で、全国の浮浪浪士が大宰府に集まり、五卿警備という名目で乗り込んできた諸藩の士の無法も目に余るようになった。

勤王党は彼らを背景にして増長と横暴さを増し、藩政にも影響がでてくるのを見た長溥は反撃に出た。三月二十六日、公金不始末が明らかになった月形洗蔵を罷免し、鷹取養巴に隠居を命じた。四月二十八日、勤王党と保守派を対決論争させたが、「公武一和」を主張する保守派の意見を藩是とすることにした。これに対し、加藤は意見書を出したが、意見といいながら恫喝にひとしく、長溥の怒りは増すばかりだった。藩主としての危機を覚えた長溥は密かに、側近や加藤らと対峙する重臣を集め、加藤ら勤王党の陰謀を目付に調べさせた。

五月二十四日、進退窮まった加藤司書が辞任した。

六月十八日夜、追い込まれた勤王党の小姓頭衣非茂記《えびしげき》が大老黒田播磨の二男一雄に、クーデター計画を打ち明けた。驚愕した一雄はその夜密かに長溥に会い、加藤らのクーデター計画を注進した。

六月二十日、長溥は直書を発して勤王党の一斉断罪を命じた。

加藤司書の自刃図（『旧稀集』）
（福岡市博物館蔵）

黒田一雄

「この大疑獄は、この月の二十六日から二十七日にかけて、まったく疾風迅雷の早業であった。越えて七月一日、一党の首領加藤司書は、閉門・遠慮・一族お預けの厳命に接した」（『加藤司書公之伝』）。

城下は戒厳令下におかれ、加藤・衣非をはじめ月形など筑前勤王党百四十余名が処罰され、藩内の尊皇攘夷派は壊滅した。

幕府軍敗退の衝撃

宗藩の異変は秋月藩に衝撃をもって伝えられたが、守旧的で攘夷派が多い秋月の家臣には、「蘭癖大名」といわれた長溥を非難する声が多かった。

藩政が揺れるなか、九月、長州再征が幕府から命じられた。秋月城下も熊本藩の兵二五〇〇人余りに、柳河藩、久留米藩が八丁越えを通って門司方面へ向かって行った。出陣した秋月藩は遠賀郡の前田（北九州市八幡東区）に陣を敷いた。

秋月藩の陣容は三〇〇人で、このほかに兵站の人夫三五〇人、外科医や馬医などがいた。幕府軍の総督は小笠原壱岐守長行、小倉城を中心に東は豊前門司の大里・田野浦・小森江、筑前八幡・黒崎・若松・戸畑一帯の海岸沿いに中津・小倉・熊本・福岡・柳河・唐津・安志が陣を敷いた。ところが一斉攻撃前の六月十七日、長州軍が田野浦を奇襲、不意を突かれた小倉軍が敗退した。七月三日には門司の

小倉合戦図
（萩博物館蔵）

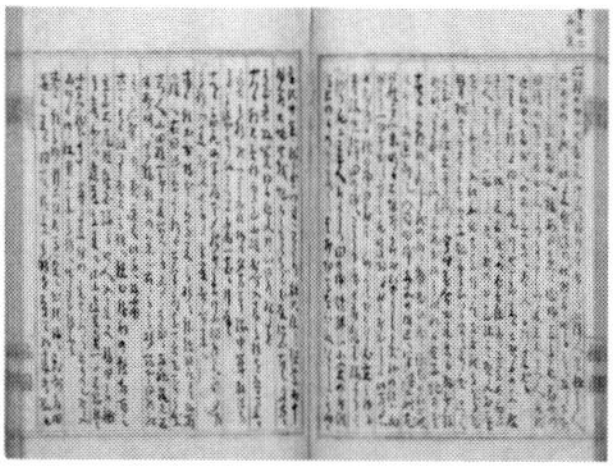

小倉戦記
（下関市立長府博物館蔵）

大里《だいり》を攻められ、また敗退した。軍勢はともかく、西洋銃で装備した長州兵に弓槍の甲冑兵と火縄銃では、まったく勝ち目がなかった。

七月二十七日、長州軍が今度は小倉城下を攻撃したが熊本兵の応戦で敗退した。しかし、九州の幕府軍で応戦したのは小倉兵と熊本兵だけで、後の藩は傍観しただけだった。出陣時の威勢はともかく、初めての戦争に立ちすくんだのである。

八月一日、孤軍の小倉藩は自ら城を焼いて、豊前香春《かばる》へ落ちて行った。

「八月朔日九ッ時（正十二時）、小倉城自ら焼き立ち退き、金辺峠へ陣構え、それよりは肥後表へ落ち行く人段々これあり、そのなかに千五百石の由、小笠原織衛と申し、家内歩行にて子供を抱き、哀れなる有様、昔語りにども聞きおり、いま眼前の有様、この末如何とも納まり候や恐敷事に候」（『遠藤家文書』）。

『秋月藩年表』には「小倉藩士老若婦女落ち去る。城下を過ぐ。藩主小笠原氏城を火し、豊津に走る。藩士の婦女熊本に落ち去る者藩内を通行す。ゆえに宿泊等これを保護す。十二月下旬より正月上旬、日に千人も通行これあり」と、幕府軍敗れるという現実に呆然とするさまがみられる。

第二次征長戦は慶応二年（一八六六）七月、将軍家茂の死によって休戦し、跡を継いだ第十五代将軍徳川慶喜は幕権の回復に力を注いだ。

ところが十二月二十九日、痘瘡《とうそう》が癒え回復していた孝明天皇が突然崩御された。孝明天皇は王政復古に反対だったが、跡を継ぐのは十五歳の睦仁《むつひと》親王である。

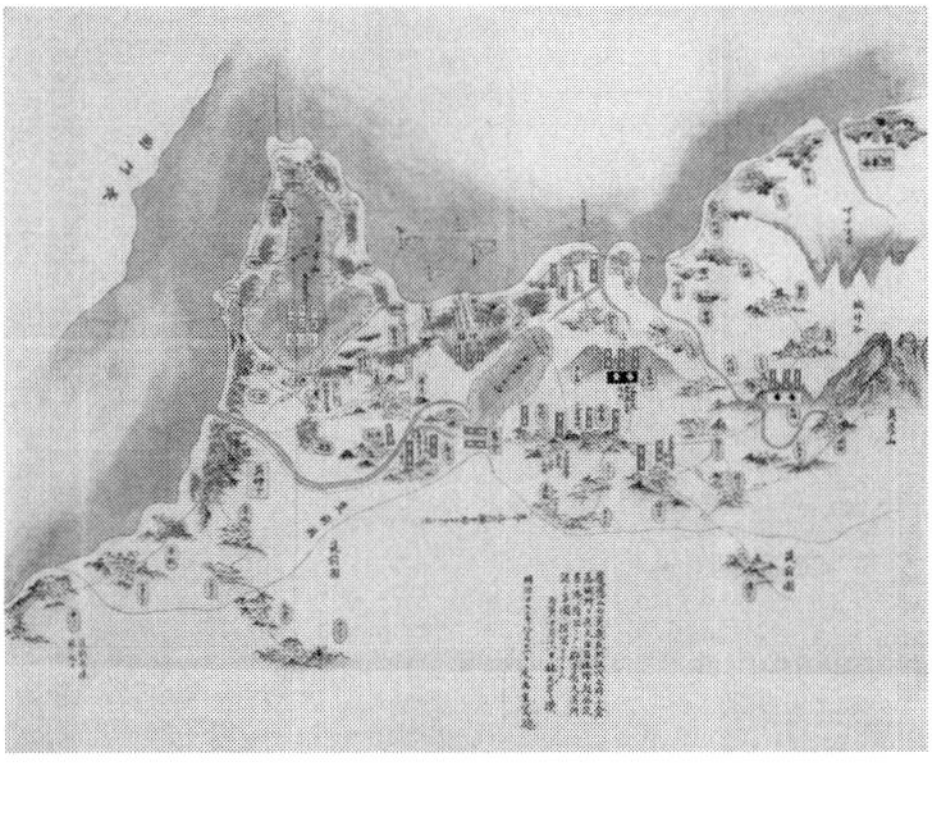

小倉落城図
（下関市立長府博物館蔵）

これで討幕派に王政復古への歯止めがなくなった。

天皇の死後直後から毒殺のうわさが立ったのはこのためである。

慶応三年十月、幕府との対峙を明確にした薩摩は長州と手を結び、討幕派の平公家岩倉具視とともに「王政復古」を謀った。これに対し、慶喜は十月十四日、大政奉還、ここに二百七十五年の徳川幕府は幕を閉じた。

十二月二十九日、討幕派は王政復古を発した。これは偽勅である。

この後、岩倉と大久保利通を中心に討幕が進む。ちなみに孝明天皇の跡を継ぐ睦仁親王が天皇に即位するのは慶応四年八月二十七日で、九月八日に改元、明治となる。この間は天皇不在のままで、すべて偽勅によって維新が進められた。

「幼帝睦仁は、王政復古をはじめ、この頃の政治にまったく関与していないことがわかっている」（伊藤之雄『明治天皇』）。

慶応四年正月三日、鳥羽・伏見で幕府軍と薩長軍が衝突し、幕府方が敗れた。

「幕府敗れる」の報は十一日頃までには全国に伝わり、諸藩は震撼した。

秋月藩主長徳に京都新政府から出京の命があったが、宗藩をはじめ、周辺諸藩の様子見もあり、病気として上京しなかった。二月十一日、五小隊を上京させ、三月十日、京都二条・猪熊口・大宮口・丹波口の警備を命じられた。

藩主長徳は病気が癒えたとして、四月六日秋月を出発した。閏四月、大坂行幸で西本願寺掛所行在所に滞在していた睦仁親王に拝謁した。

鳥羽伏見の戦い

世界に報道された大政奉還の記事
（ロンドンイラストレイテッドニューズ）

これも秋月

鎧初（鎧揃え）

幕藩時代、日本の参揃えといえば「土佐の旗揃・会津の馬揃・秋月の鎧揃」といい、全国に知られた行事だった。鎧揃は初代長興公が島原の乱平定凱旋のさい、正月三日に鎧初《ぞめ》を行ったのが始まりで、二代長重《ながしげ》の代、宝永二年（一七〇五）、正月七日から十五日まで、士分の者は甲冑に身を固め、城内大書院の前庭にて、藩主への年頭のあいさつを申し上げ、お盃をいただくようになり、これが鎧初の興りとなった。

『黒田代々記』には、鎧初は藩中諸役、その他吉軍にあたる人々の有志より行われ、午前五時一番具（鐘）・二番具以て出陣準備、三番具以て甲冑を帯し、勢溜に集合・登城、城内に勢ぞろい。兵学師範遠山氏の指揮にて、大書院前庭に整列。

藩主は騎馬を左右に六騎、他は徒歩、小席上に安座、藩主出で閲す。

次に一人別に藩主より賜盃、終わり退出、午後は馬場にて騎馬練習、終わりて、古心寺または各自の菩提寺や氏神に参拝し、帰りて内宴を張るのが習わしだった。

藩政時代は女武者はいなかったが、明治二十二年（一八八九）、島原の陣二百五十年祭に、吉田喜内の娘わかが体の不自由な父の代わりに男装して参加したのが初めてである。次いで昭和十二年（一九三七）の鎧初に吉野文子、石橋安が参加した。戦後昭和二十五年に行われた鎧初には十三代長《なが》敬《あつ》、十四代長栄《ながひで》が騎馬で参加、小山田房子、広沢文子、山本すま子が黒髪に白鉢巻、薙刀の鎧姿で参加し喝さいを浴びた。

十三代黒田長敬

十四代黒田長栄（前列右から二人目）

③

執政暗殺と秋月藩の終焉

開国、攘夷でゆれる激しい時代の流れにうとい辺境の秋月では、唯々変革を嫌い、開国近代化と洋式兵制導入を図る執政臼井亘理を暗殺した。そのため新時代への道をふさがれたことにも気づかなかった。

干城隊の設立

慶応四年（一八六八）閏四月二十日、秋月藩馬廻組の子弟が「干城隊」設立の嘆願を藩庁に差し出した。

「神州のため、且つ国家のため身命なげうち、御鴻恩《ごこうおん》の万分の一も報い奉りたき心底に御座候。しかるに士気確乎と相振るうの義は、隊を組み立て候他に御座なく候事と存じ奉り候間、同志の者決心の上、押してご別荘へ相集まり、何卒隊御立て相成り候様に伏して懇願候」

干城隊の規則は、「毎朝正六ッ時（午前六時）起床、剣術調練、朝飯後文学（少学）・御家譜相学び、その外志次第出精の事、昼飯後は八ッ半時（午後三時）まで休み、以後再び武芸」という簡単なもので、服装は木綿筒袖に稽古着だった。

総督　家老吉田悟助
隊長　吉田万之助（悟助の嫡男）、参謀　末松左源太
調練引立　原田伝右衛門・山田金六郎
軍監　高橋糺、軍監助　渡辺長兵衛
一番組　宮崎千代三郎　外三名　二番組　山本克己　外四名
三番組　垂井謙次郎　外四名　四番組　戸原東門　外四名
五番組　水間七之助　外四名　六番組　萩谷伝之進　外四名
七番組　中村権平　外四名　八番組　磯丈之助　外四名
計三九名、隊長が十七歳、隊員は十五歳から二十三歳だった。

秋月藩は京都新政府の命で三〇〇の兵を出征させたが、干城隊は全員が馬廻以上で上士の子弟は出征させていないことがわかる。また、干城隊の服装や調練内容から洋式兵制がまったくなされていなかったこともわかる。

洋式訓練は走る練習から始まる。現代人にとってはふしぎに思われることだが、当時の侍は右手と右足、左手と左足を同時に出して歩くために走れなかった。干城隊は隊列を組んで歩調を合わせて歩く、匍匐《ほふく》前進の訓練もなかった。

これでは維新戦争に出征しても足手まといになるばかりであったろう。

臼井亘理遭難遺蹟
（朝倉市蔵）

ところが干城隊は結成まもなくとんでもない行動に出た。それどころか、これがために結成されたと思われても仕方がなかった。

慶応三年（一八六七）十二月九日、王政復古が号令され、天皇親政による新政府が宣言された。事態が動いたのは明けて慶応四年正月三日だった。京都郊外鳥羽伏見で、幕府軍と新政府の薩摩軍が衝突、幕府軍が優勢だったが錦旗が新政府軍に上がると（これは薩摩の大久保がつくった偽物だったが）傍観していた幕府軍の津藩が賊軍になるのを恐れて寝返り、幕府軍は総崩れとなった。

「幕府軍敗れる」の報は正月十一日頃までには全国に伝わった。いきおいを得た新政府軍は諸藩に上京を命じた。しかし、意外な事態に諸藩は慌てたが、すぐに旗色を鮮明にする藩はなかった。鳥羽伏見で敗れたとはいえ、江戸幕府は厳然としていて、軍備も圧倒していたからである。

九州でも佐賀藩主鍋島直正の呼びかけで、筑前筑後、肥前肥後の四藩の藩主が一月二十六日、薩摩や長州の横暴をいさめに上京することにしていた。

秋月藩主も、出京の命が新政府から下ったが、長徳は病気と称して上京せず、用役臼井亘理に執政心得首座公用人兼軍事総宰を命じ、次いで「急速上京して、朝廷の首尾を弥縫すべし」と命じた。つまり、この危機にあって政治・外交・軍事の全権を亘理に任せたのである。亘理は吉田彦太夫・神吉小介・阿部伝兵衛とともに一月末、秋月を発ち二月八日京都に着いた。

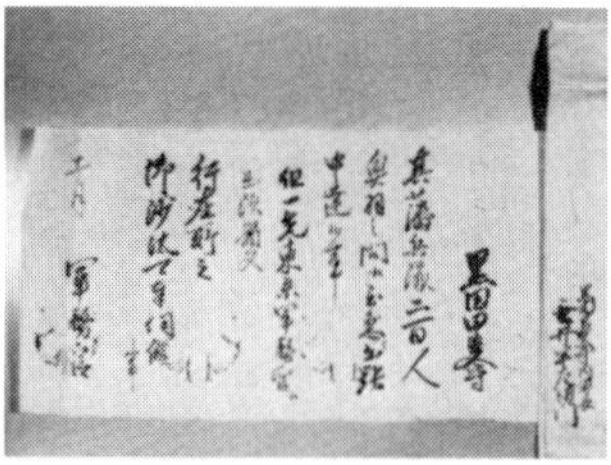

出兵命令書
（秋月郷土館蔵）

年末までは幕府方と薩長主体の尊攘方が拮抗していた京都は鳥羽伏見戦の勝利で幕府方が退き、尊攘方一色に塗りつぶされていた。

亘理はさっそく藩主の実家である山内家の用人土方久元や三条家の執事森寺国之助、公家の東久世道禧《みちとみ》に会ってとりなしに努めたが、近畿・中国の諸藩は雪崩を打つように尊攘方になびき意気軒高だった。亘理は開化党といわれたほど洋式兵制導入に熱心で、幕府の開国近代化推進を説いていたが、いまや流れが天皇方にあることを悟った。家老の務めはいかなる事態にあっても御家大事に努めることである。ここに主義や主張はない。幕府が倒れたいま、新政府に従うのはものの道理で、近畿・中国の諸藩が新政府に雪崩を打つようになびいたのも御家大事、いかに国を守るかの原則に従ったまでである。こうなれば藩主の上京を急がねばならない。静寛院宮の警護を解かれ、国許に帰国する勇義隊長垂井半左衛門に国家老の高橋次郎兵衛、井上庄左衛門へ藩主の上京を促す手紙を託した。

慶応四年四月二十九日、ようやく上京してきた藩主長徳を船中に迎え、その後、中島の藩邸で京都の状況を報告して下がろうとすると家老田代四郎右衛門から「亘理が所幹終われり、速やかに国に就くべし」と長徳の命を伝えられた。

亘理は意外な命に驚いたが、諸所に帰国のあいさつをして五月五日、京都を発って国許へ向かった。帰国にあたっては、亘理の人物を見込んだ福岡藩邸の馬場蒼心や公家の東久世らが、いま新政府は人材を必要としているので京都に残り、

東久世道禧

土方久元

新政府のために尽くすようといい、新政府の要人大久保も帰藩を止めたという。

なかには帰国取りやめを藩邸に申し入れる者もあった。しかし、これがまた藩主以下を怒らせた。藩士の活躍を喜ぶというよりは、亘理の活動を藩主の許しを得ず、越権であるとしていたらしい。亘理にとっては心外なことだが、主命は奉ぜざるべからずと、帰国の命に従った。しかし、この帰国は、亘理の京都での活躍をうとましく思っていた守旧派の謀略によるものだとは気づかなかった。

開化党の亘理が新政府入りしていれば、その活躍が期待され、また亘理のつてで秋月からの人材登用の道が開かれ、維新後の秋月の展開はまったく違ったであろう。しかし、時勢にうとい藩主脳には、そのような考えは及びもつかなかった。

五月二十三日、秋月に帰着し、藩庁に届けを出して屋敷に戻ると、その夜は親戚知人友人が久方ぶりの亘理の帰国を祝おうと集まって大宴会となった。

未明の執政臼井亘理暗殺

風雨が強いこの夜干城隊は夜間演習と称して隊士を招集、八幡宮に向かった。神前に整列すると隊長吉田万之助が臼井亘理・中島衡平の斬奸の趣旨を告げた。

干城隊は洋式兵制導入の臼井や蘭学導入を説く中島を除かねば「尊皇攘夷派の政権樹立」となったいま、新政府が進める藩政改革はできないと、衆議一決、こ

秋月八幡宮

大阪中の島

の夜、両人の暗殺に向かった。臼井の屋敷には一番組宮崎千代三郎組・二番組山本克己（一瀬直久）組・三番組垂井謙次郎組・四番組戸原東門組・六番組萩谷伝之進組・武田理助組の六組二四人、中島の屋敷には五番組水間七之助組・七番組中村権平組・八番組磯丈之助組の三組一〇人が向かった。

野鳥にある臼井の屋敷は広く、囲いが堅固だったが、宴が終わり客も引きあげ、臼井は宴の飲酒と旅の疲れで熟睡していた。暗殺団は門無小路に廻り土塀にはしごをかけて密かに忍び入り、内より門を開いて一団を引き入れた。

「寝室に入って、亘理を呼び起こし、亘理が驚いて一刀を取り、立とうとするところを山本克己が斬り伏せて首を落した」（『甘木市史』）。

武士らしく刀を取らせて渡り合ったように見えるが、実際は違う。

寝室に忍び込んだのは、二番組長山本克己、萩谷らで、山本は卑怯にも亘理が酔夢熟眠していることを確かめ、一刀で仕留めようと枕元に寄り寝首を取ろうと刀を突きたてたが、誤って左目の下を刺した。亘理が激痛に目を覚まし、何者と起き上がったところを山本が二の太刀で袈裟斬りに肩から胸にかけて斬りさげた。そして亘理が倒れたところで首を落とした。

当夜の惨劇を二通り記したのは、前記は干城隊の供述で、後記は目付による現場検証の結果である。干城隊の供述は真っ赤なうそであることがわかる。

実際、脇差は床の間にあって使った形跡はなく、山本の刀には刃こぼれがあっ

亘理暗殺

た。この夜は風雨が強く、闇夜だったという。夜とはいいながら、かすかに視界がきくほどの暗さの現代と異なり、山間の秋月は現在でも夜間は一寸先も見えない漆黒の闇となる。筆者は秋月の夜の闇の深さに不気味ささえ感じたほどである。

当時の人は現代人より闇夜に慣れていたのか、手燭を用意していたのだろうか。同衾していた妻の清子が目を覚まして夫の遭難に気づき助けようとするところを萩谷が後ろからめったやたらに斬りつけ絶命させた。隣の部屋に寝ていた四歳の娘が突然の惨劇に泣き叫ぶと、うるさいとばかりに斬りつけ、母の死体と気を失った幼女を捨て置いて、亘理の首を手に意気揚々と引きあげた。

女子ども、それも年端のいかない幼女まで斬り殺すなど士道に劣る所業なのだが、この悪漢たちには武士道などは通じなかった。

一方、藩儒中島衡平の屋敷に向かった暗殺団は、異常な物音に中島が目を覚まして、裏木戸を開け、外の様子を手燭で照らしうかがうところを水間七之助が斬りつけた。中島が倒れたので首を挙げ、仲間の点呼をして悠々と引きあげた。

二隊は深夜ながら非常として家老箕浦主殿の屋敷を訪ない、亘理と中島の首級を示して、斬奸趣意書を差し出し、また、干城隊総督の吉田悟助の屋敷を訪れ、首級と斬奸趣意書を差し出し、干城隊屯所に戻って沙汰を待った。

尚、二人への斬奸主意書は次のとおりである。

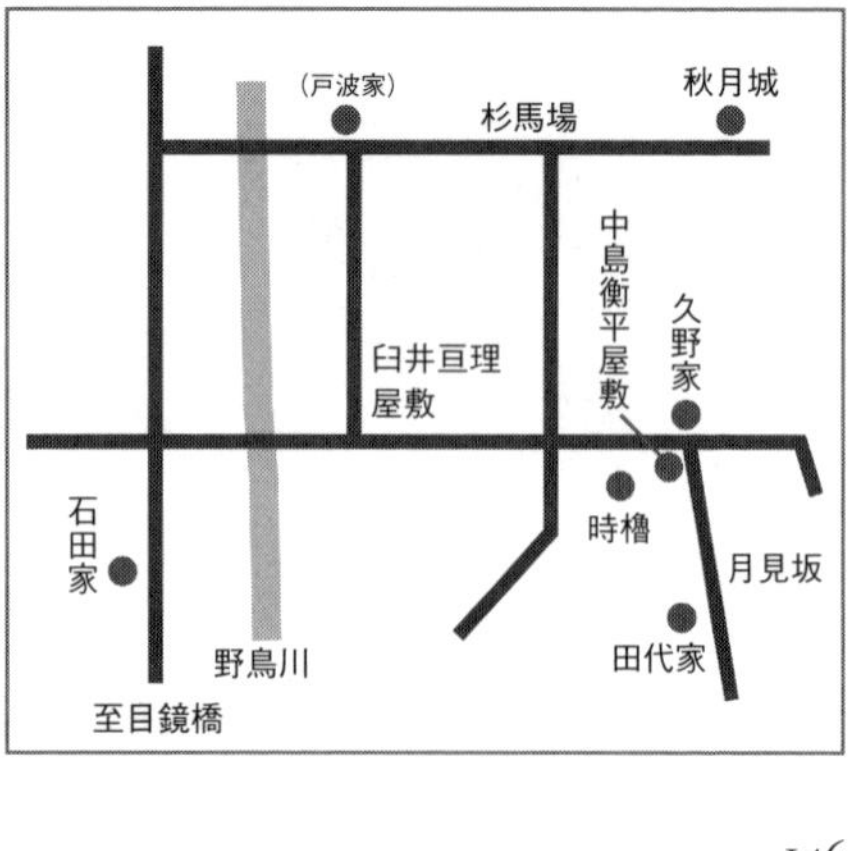

臼井亘理儀

臼井亘理は年来奸曲を執り行い、勤王の大義を忘却し、有志の者を忌み、薩長士を指して国賊と称し、専ら佐幕の説を主張し、悪路に登り候以来、大いに権威を揮い、賄賂を貪り、その他謂うべからざる所業これあり候処、今般、朝廷一新の場にいたり、悔悟の途相立ち申さず、俄かに反復し、勤王諸藩に阿諛し、深く諸有志に取り結び、己が同腹の佐幕因循の者を、聞役・貢士等に出し、却って年来勤王篤志の者を娼嫉し、諸事陽に正義を唱え、陰に奸計を施し、全国勤王抔と称して朝廷を欺き奉り候条、君上にも御黜罰御治定相成り候えども、右の都合にて思し召しにも任せられず、御気脳遊ばされ候哉に候。

臣子の分、やむを得ざる時宜に立ち至り、有志評議の上、君上の思召しを承継ぎ、断然厳罰くわえ申し候。実に上を畏れざる所業は、万々恐れ入り奉り候。

中島衡平儀

先年来学館助教職分仰せつけ置かれ候処、第一教導の職分取り失い、勤王の大道を忘却し、あまつさえ佐幕不正の説を主張いたし、御国是を擾乱せしめ、勤王は身を誤る等の邪説を相唱え、幕府あることを知って、天朝のこれあるを知らざしめ、御上京御遅緩に相成り、天朝に対され、君上にも御気脳あらせられ候儀は、先頃御達に相成り候御直書に歴然と相見え申し候。人臣の身として右用君上へ御無題かけ奉る儀を醸成す。その罪実にもって国賊にこれあり、よ

左奥の田が臼井亘理屋敷跡

左角、中島衡平屋敷跡

って君仇を報ぜんためこの一挙に差し迫り申し候。

このとき亘理の首を検分した悟助は首を受け取り、丁重に首桶に入れて、遺族に返すのがしきたりだが、首は捨て置けとでも言ったらしく、当座は干城隊屯所の庭に捨て置いたが後日、亘理の屋敷の庭に投げ入れられているのが見つかった。

吉田悟助は現藩主の乳母を妻にしたことで出世したに過ぎない男で、家老という藩要職に在りながら政敵を倒す私欲に溺れ、すでに武士としての士道はもちろん、人としての倫理も武士の情けも失せ果てていた。

暗殺団の鬼畜にも劣る所業に遺族は慄然とした。

亘理暗殺事件が京都に早飛脚で通報されると、長徳は京都政府に願い出て、田代四郎右衛門を伴い国許へ戻った。その後詮議の末、七月八日、藩庁より達《たっし》があり、臼井は不行き届きにつき断絶すべく処、格別の思し召しを以て家督を許すとした。まるで罪人扱いだが、臼井家では家督が残ることであり隠忍自重せねばならなかった。そして嫡男の六郎がまだ十一歳であり、養子に出ていた亘理の弟渡辺助太夫を呼び戻し、臼井家を継がせたが、五十石を減ぜられた。

何しろ「藩当局者（家老吉田悟助・田代四郎右衛門）が暗殺者側であったから、凶行者の罪を問わざるのみならず、返って亘理は『此節非命之死を遂げ候段、自分之招く禍にて、無足非事に思召候』と言い渡された」のである。

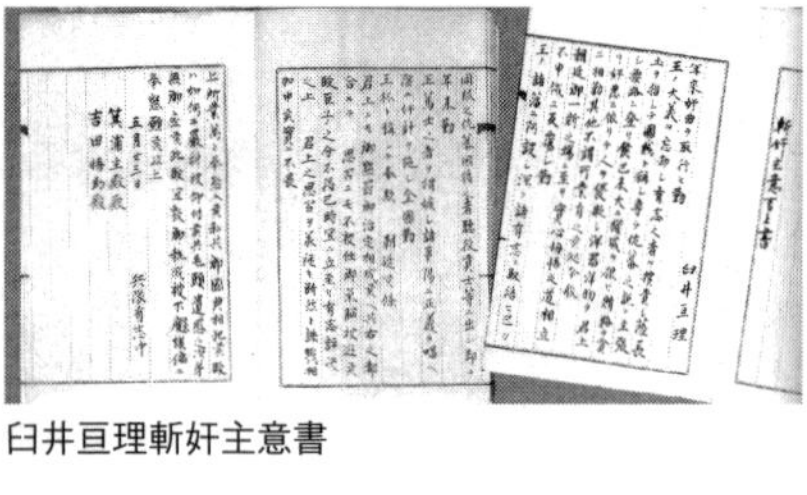

臼井亘理斬奸主意書

家老田代四郎右衛門邸

儒者の中島家も三石を減ぜられ、三人扶持十石となった。
一方、干城隊は、当座は謹慎となっていたが「格別寛大の訳をもって、慎筋異議なく差し許し候旨申しつけ候事」とお咎めなしとなった。また総督の家老吉田悟助・役員の山田金六郎・江藤弥右衛門・今村百八郎についても格段処分がなかった。今村など、戸原主水に宗藩へ助命嘆願をしてくれるよう頼んでいる。

以急飛脚申上候、廿四日暁七ッ半頃、兵隊有志四十余人二手に分け、臼井亘理、中島衡平両人首尾能斬首致し其侭太夫両家江御談合申上候通早馬にて本藩江御乗りつけ、有志之処御談合急に同志出秋助命等之儀御扱い可被成此の段早畧謹候可候

五月廿四日六ッ時認　江藤弥左衛門

今村百八郎

戸原主水様

干城隊の総督は吉田悟助、隊長は息子の万之助なのである。万之助が勝手に藩の要人である亘理暗殺を仕組んだとしたら、万之助はもちろん悟助も、家名断絶は免れない。ところが何のお咎めもなく、このため臼井亘理暗殺は干城隊の総督吉田悟助が仕組んだとも、亘理が京都から急に返されたこともあって藩主長徳の

意向ともいわれた。東京日日新聞には「鳥羽の一戦より天下の大勢一変し、昨日まで攘夷を主唱勢至人々も外交の緊要を説き、開明の端緒に着きたる機運を察して、在京の臼井はこの形勢を藩地へ報道し、朝旨のある所を論せしかども、干城隊は頑論固持して変ずべき気色も見えざれば、臼井はこれを憂いていかにもして開悟せしめんと、まず自ら洋服を着して帰国せしに、隊中の者ども大いに怒り、議論沸騰せしを見て、吉田これを時とし、かの臼井めが口に外交を唱うるのみならず、着服までも穢わしき洋夷の風を学ぶとは、奇怪なるが国賊かなという教唆に煽られて、その夜臼井家に夜討ちして、夫婦もろとも殺害したり」とある。

また、干城隊の処分については、尊攘派が政権を握った宗藩や久留米藩、遠くは長州藩からも使者が来て、処分しないように申し入れがあった。亘理の帰国について政府筋や宗藩からも引き止めがあったさい、藩主をはじめ家老たちはその申し入れについて、内政干渉と怒ったが、おかしなことに干城隊への宗藩や他藩の尊攘派からの要請は受け入れている。

久留米藩も尊攘派の若者が開国派の家老を暗殺して、クーデターで政権を覆していたし、宗藩も尊攘派が佐幕派の家老三人を自尽《じじん》に追い込み、政権を取っていた。この頃、「尊皇」と唱えれば暗殺も義挙とすり替えられていたのである。

しかし、「京都の情勢に疎い国許は旧習を固守して時代の変化を認識していなかった」、「小藩の一用人が殺害されただけのことで、岩倉公よりの御下問があっ

臼井家の墓と東久世の歌碑
東久世は亘理の死を惜しんで歌を送った。

東久世道禧

たことは即ち朝廷が亘理を惜しまれ、藩政之釘をさされたのではあるまいか。藩主御留守中の出来事で、家老吉田悟助に大きい責任はあらふが、亘理を帰国せしめた土岐（田代）逸翁の時勢への暗さにも要因はあったであらふ」（『甘木市史』）。

それがために京都新政府に知己が多く、その有能さが認められていた亘理の暗殺で、秋月藩が中央に人材を送る道を断たれたことは確かだった。この後送った兵もせいぜい門番程度の役割しか与えられなかった。

干城隊による「執政臼井亘理暗殺事件」の後、士・卒の子弟の干城隊への入隊希望者が多くなり、新たに「酬恩隊《しゅうおん》」を設立した。また干城隊のなかから選抜して、長徳の親兵隊をつくったが、この選抜に漏れた隊員が不満を述べ別の隊をつくった。干城隊は一番組の宮崎千代三郎の専横が目立ち始め、これを嫌って酬恩隊に移る者が出始め、進撃隊・驍勇隊・習練隊など諸隊が乱立状態となった。くわえて臼井亘理暗殺の処置を快く思わず、現政権を非難する者たちが開化党の臼井党・中島党に参加する者が多くなり、藩内は諸派に割れた。

秋月藩の終焉

維新戦争は会津藩の降伏で終戦し、慶応四年九月八日に元号が変わり、明治元年（一八六八）となった。十月二十八日、諸藩の藩政を新政府の統制下に置くた

岩倉具視

めに、藩行政と藩主の家政の分離を命じ、議事制度を一律にし、諸藩に藩政改革を命じた。秋月藩も藩組織の呼び名が変わり、次のようになった。

執政（家老）　吉田右近・箕浦主殿・吉田悟助
参政（中老・用役）　吉田彦太夫・戸波六兵衛・高橋治郎兵衛
軍事　一ノ干城隊（馬廻）　二ノ干城隊（無足）
三ノ干城隊（組外・組外同格）
驍勇隊（陸士・半礼）　進撃隊（足軽）
訓練は月十五日、筒袖・義経袴を使用、
各自エンピール銃を調達の事
行政　公用人・郡令・勘定奉行・作事奉行・奥頭取・役人格

明治二年六月、版籍奉還が行われ、新政府は土地と人民を手中にした。その上で藩主を知藩事に任命し、藩主の専制権をなくした。また、藩士は知藩事以下家臣の卒まで、一律に士族として、藩士の身分階級をなくした。

明治三年九月、家禄を一〇分の一に切り下げ、知事家禄の残り高は、軍事費・

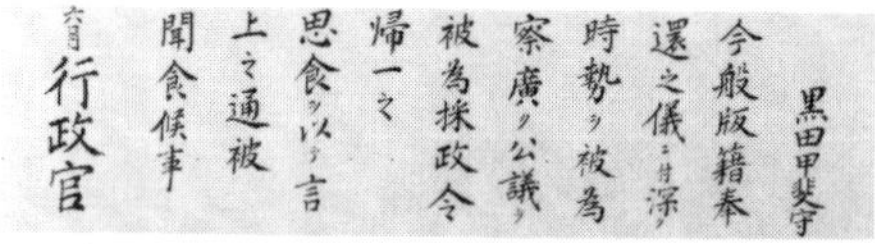
黒田甲斐守
今般版籍奉
還之儀ニ付深ク
時勢ヲ被為
察廣ク公議ヲ
被為採政令
帰一之
思食ヲ以テ言
上之通被
聞食候事
六月
行政官

版籍奉還御聞書届書

皇居

藩庁費・士卒俸禄にあてた。

明治四年七月十四日、政府は突然、廃藩置県を断行した。

この日皇居に呼び出され、廃藩を告げられた在京諸侯は驚愕したが、反論のことばもなく、ただ茫然としていたという。版籍奉還は告げられたものの、藩体制はそのままで、ただ呼び名が変わったくらいにしか捉えていなかった諸侯にとって、自ら領有する領地と家臣が、通達一つでなくなるなど驚天動地のことだったのである。ただ、維新戦争の戦費で財政破綻となって、自ら廃藩を申し出る藩も続出していて、藩側にも異論がない藩も多かったこともあった。次いで、府・藩・県の三治制が廃止され、三府（東京・大阪・京都）と全国三〇二県が誕生した。

七月十五日、旧藩主は藩知事を免じられ、東京移住を命じられた。

七月二十六日、秋月藩は在京の権大参事吉田第八から早飛脚で廃藩置県と藩主の東京移住の命を知った。夕刻、士族を政庁に招集し、谷《たに》安《やす》栖大参事が廃藩置県の勅書を読み聞かせた。そののち、知事黒田長徳が自身の東京移住を告げた。

政庁の広間を埋める藩士は驚愕のあまり、ことばを失っていたようだ。

八月二十一日、長徳は、秋月に別れを告げ、福岡へ向かった。長徳の東京移住を知った県民が往還筋に立って見送ったとある。しかし、ここに黒田秋月藩二百四十八年の支配は終焉したのである。

八月二十三日、福岡浜町の浜から小舟で沖合の本船「環《かん》瀛《えい》丸《まる》」に乗り込んだ。

環瀛丸
（福岡市博物館蔵）

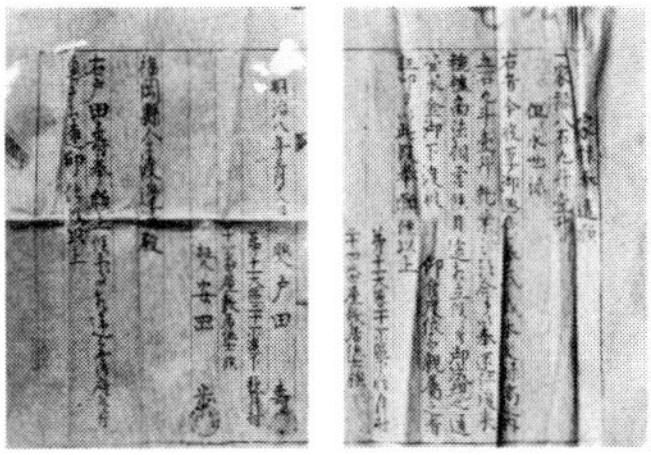
家禄奉還願い
（戸田賢治氏蔵）

福岡藩主黒田長知と先の藩主長溥一家が同船した。

環瀛丸は甘木の豪商佐野屋が福岡藩に献納していたが、維新後藩財政の疲弊で維持できずに佐野屋に返されていたのである。

秋月藩は新しく秋月県として発足したものの、三カ月後の十一月に福岡県に統合された。明治五年一月十九日には秋月県の職員は全員解雇され、福岡県秋月出張所詰方として再発足した。それも六月二十七日に廃止された。藩主がいなくなり、その後の統率者もなく、残されたのは呆然となった士族だけだった。

「一統藩を廃止に相成り、諸国知事御呼び上せ等にて、藩士憤気ありしかども、戦争に及ばずして、秋冬に至りては士気も自然と和らぎ」（『三奈木藤井家文書』）。

突然主を失った士族の狼狽は、怒りというよりはあきらめに近い。

明治三年の秋月藩分限帳に士族五八七人の名がある。この頃までは旧制時代の藩士たちはそのまま秋月にいたようだ。しかし、秋月千軒といわれ、小さいながらも活気をおびていた城下町も衰退を迎えるに時間はかからなかった。

藩体制の崩壊とともに地域の中心地としての立場を失い、くわえて幕末に割れた藩士の亀裂は埋まらず、城下を出る者が多くなって衰退に拍車をかけた。

明治十一年に四八三九人いた城下人口は明治三十一年には三四六七人となった。同年の秋月の「旧藩士族名簿」には総数五七六人の内、秋月居残り二六七人とある。県内転住が二四四人、県外六五人で、県外には北海道移住三二人もあった。

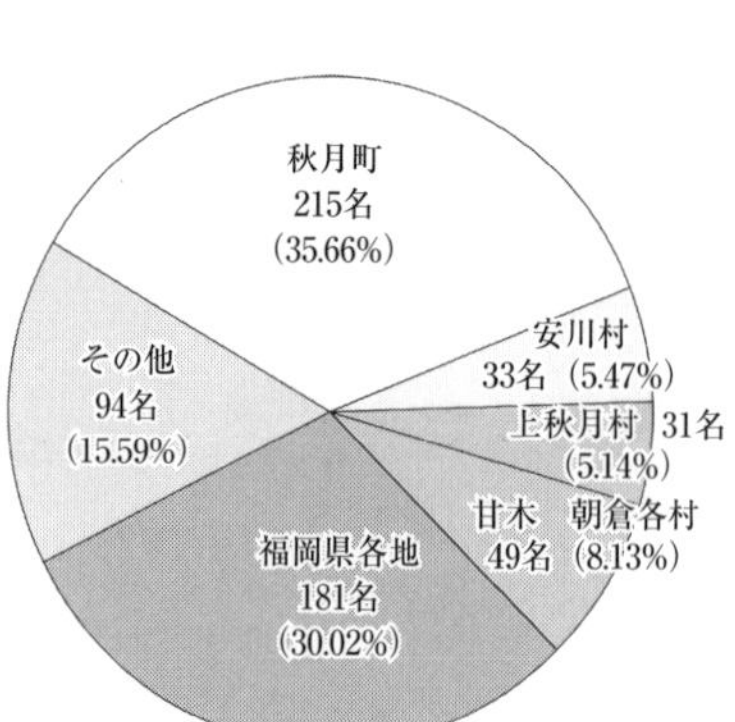

旧藩士族名簿６０３名による住所移動調査

第六章 秋月党始末

時代に取り残された士族たちは、武士の復活を求めて新政府に反乱した。

1

秋月党の乱

維新で幕府の開国近代化を粉砕し、元の武士の世に戻ったかに見えた明治の世はまったく思わぬ世になった。とどめは廃藩置県だった。武士は否定され、家禄も失い、路頭に放り出された。立場を失った秋月武士たちは新政府を倒そうと反乱した。

新政府の裏切りと武士の反乱

攘夷政権樹立に尽くした全国の尊攘派に新政府が報いたのは版籍奉還、廃藩置県による封建制の廃止、攘夷放棄、幕府開国政策継続という裏切り行為だった。

尊攘派が政権の中核だった福岡藩や久留米藩では、このような新政府の政策に対し不満が沸騰していた。最初に不満を爆発させたのは久留米藩だった。

明治二年（一八六九）一月、上京した久留米藩公用人の有馬主膳が「東京遷都反対・外国貿易反対・郡県制度反対」をかかげ、天皇新政府が公約してきた攘夷実行を迫った。そもそも幕末の騒乱は、朝廷が幕府に攘夷実行を約束させ、その実行を迫って、実行しない幕府を除こうとする「討幕運動」に始まった。ならば、幕府を倒したいま、攘夷実行が天皇政権の最大の任務であるというのが全国の尊攘派の要求であり、外国貿易や郡県制度など幕府の近代化策に真っ向から反対してきたのも、攘夷を主導してきた薩摩であり長州ではないかと非難したのである。

これはまさに正論だった。

久留米藩は慶応四年（一八六八）一月二十六日、攘夷派が開国派の家老を襲って殺害し、一夜にしてクーデターで政権を開国から尊皇攘夷に転換した。

維新戦争でも東北・北海道で戦功を挙げ、一方では藩内の開国近代化派に自尽を申し付け、壊滅させるなど天皇新政府への忠節度が高かった。ところが新政府は幕府政策の継承など、施策はすべて尊攘派の期待を裏切るもので、久留米勤王党の面目は丸つぶれだった。明治四年、君側の奸を除くべく、全国三九藩と盟約して新政権打倒を謀ったが密偵の報告で反乱謀略を知った政府が軍を派遣、反乱は未遂に終わり廃藩置県を待たずに改易された。

「版籍奉還により時代が変わったとはいえ、旧藩意識を一朝にして払しょくすることが容易でなかったのにくわえ、維新運動の理念であった尊皇攘夷を信望してきた志士たちに、太政官政府の開国・欧化政策が、にわかに受容されなかったのは一人久留米藩だけでなく、全国各地にみられる傾向であった」（『筑後市史』）、

また、『秋月を往く』で、田代量美氏は「当初は攘夷の旗を振りながら幕府を窮地に追い込み、いざ幕府が政権を投げ出すと、途端に攘夷の旗を引き下ろし、代わりにいままで嫌いに嫌ってきた開港へと電光石火のごとく変身する。要する

佐賀の乱

に攘夷というのは、ただ、討幕の具だったのか、謀り騙されたと、新政府に対する不信感が募りに募ってきたのである」と両断している。

　それもこれも全国の尊攘派、そして武士に対する新政府の裏切りからだった。しかし、このような攘夷主導の諸藩の動きに秋月藩が呼応した動きはない。

　久留米藩の反乱未遂事件で処罰された者は秋田から熊本まで三五〇人以上に上り、久留米藩の藩主以下五七人、秋月の近隣でも福岡藩三人・豊津藩八人・柳河藩一五人・熊本藩二二人そして高鍋藩三人の名があるが、秋月藩士の名はない。

　維新の尊攘運動でも海賀宮門、戸原卯橘の二人だけで、それに続く尊皇攘夷家がいたわけでもなく、運動は藩全体に広がらなかった。

　秋月藩は維新戦争でも戦場に出ることはなく、当然戦功で新政府に重要視されることもなかった。新政府が求める開国近代化に働く蘭学者や知識を持った者もなく、ましてや新政府から人材をもとめられることもなかった。

　また、中央に出ようにも人脈もなかった。自ら臼井亘理という唯一新政府に見いだされた傑出した人材を潰していたからである。藩主の長徳も田舎育ちの上、凡庸だったらしく、薩長土肥といわれた父の里の土佐の力を借りて中央に人材を送り込もうという知恵も意欲もなかったらしい。その長徳も東京に召されて今はなく、秋月に残されたのは世情に暗い秋月党を中心とする面々だった。

大義なき暴挙

慶応四年（一八六八）五月の臼井亘理暗殺から時間が止まったような秋月で、新たな事件が起きたのは明治九年（一八七六）十月二十六日の事だった。

この前、十月二十四日深夜、熊本神風連が熊本鎮台を襲った。

「熊本有志輩皇風の地に堕ちるを嘆き、これを挽回せんと、豊後七藩及び長・久留米・柳河・佐賀等皇国の恢復を企て……」

呼応するように同日、長州で前原一誠が新政府打倒に挙兵した。

これらの報を知って、干城隊を中核とした秋月党が蜂起したのである。

秋月党は熊本の神風連、長州の前原一誠と三角同盟を結んでいたのだという。

この前八月、前原は同志の幹部十数人と萩城下を流れる松本川に舟を出し、熊本の敬神党（神風連）、福岡の秋月党と東西一斉に挙兵することを密議していた。

そのなかで、萩とはいくらかの齟齬《そご》があったが、敬神党とは一致していた。

「萩とも秋月は急漸の説異なり、鹿児島は独立自尊にて動かず機会逸し易し、むしろ熊本と提携して天下に先して議を唱えんと議決す。されば敬神党の暴発と同時に秋月の同志も暴発するに至れり」

挙兵の謀議を主導したのは益田静方《よしみち》（二十七歳）である。益田は東京の大橋陶

神風連の乱

萩の乱

庵の塾で学び、秋月に帰って私塾を開き、青少年の指導をしていた。維新後、政府が繰り出した改革案はすべて武家にとって思いもよらぬ過酷なものになった。

　維新戦争にも出征せず、上手く維新を切り抜けたつもりだった武士にとって、廃藩に続き、武士階級の廃止、この三月には廃刀令が出され、続いて家禄が金禄公債に変えられ、武士は誇りとともに暮らしの糧も打ち切られたことになった。追い詰められた武士の怒りは頂点に達していた。

　熊本敬神党「神風連の乱」がそのはじめとなった。敬神党とつながりのあった秋月党は、宮崎伊六、宮崎哲之介、蒲池作之進を応援と探索に送った。

　神風連の緒戦勝利の報が持ち帰られ、二十五日夜半過ぎに秋月の士族に招集がかかった。ただ、報告した宮崎伊六は「神風連の恃《たの》むに足らざる」と進言した。

「この有名な進言は、敬神党はあてにならない、すべきではないという意味ではなく、『徒労』であると言ったのである」(『豊津町史』)。

　しかし、今村は考慮しなかった。むしろ暴走した

　翌二十六日、「秋月学校に磯淳以下旧士族七、八〇名、田中天満宮に今村百八郎以下一六〇名集議応変の計画を立つ」(『秋月史考』)。

　熊本の第一報に基づき、佐賀へ益田静方、熊本へ古川八郎、柳河へ堤三郎、豊津へ磯平八、福岡へ戸原東作、そして久留米へも挙兵の密使が派遣された。

「二十六日午後三時三十分、福岡県発の電報にいふ。秋月士族四五十名、帯剣

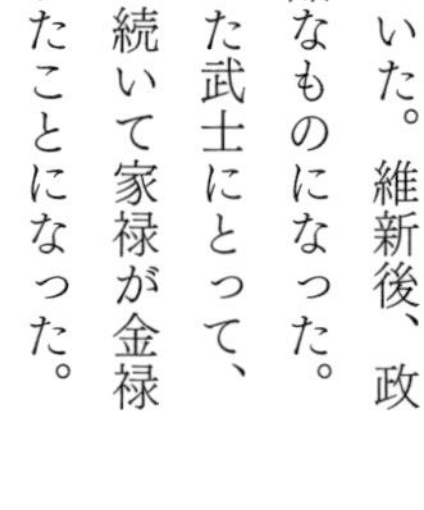

宮崎尹六自画像

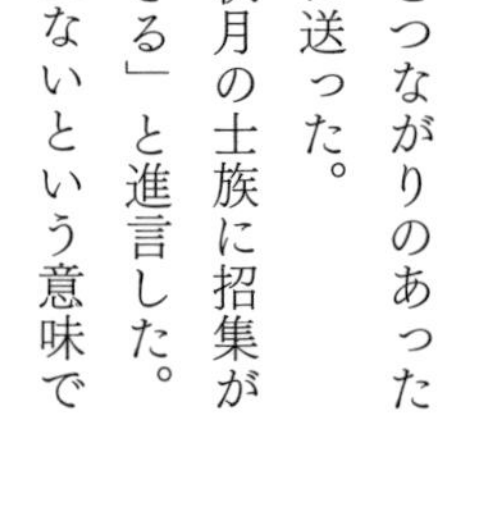

宮崎尹六書

尽くす時は今と
思ひ諸君へ送る
諸共に散るへき時は山桜
浮世の人の眼さまして

銃器を携へ秋月市中を徘徊するよし。報知により、すぐに巡査差し立て捕縛の手当を為す。同日午後十一時五分、秋月士族兵器を携え七八十名ばかり、秋月を距る一里半アマキ町（甘木）へ集につき、鎮台兵出張せり」（『朝野新聞』）。

学校に屯集した一派は磯淳、宮崎車之助らの穏健漸進主義の旧上級武士の一派で「学校組」といった。彼らは異変を聞いて駆けつけた第七区副区長江藤良一の説得を受け入れ、いったん解散した。もう一派は田中天満宮に籠った益田静方、今村百八郎率いる急進的な旧下級武士層で「天神組」といった。

天神組は翌二十七日朝、挙兵を決行、探索に来た警察の穂波半太郎と森寛忠巡査を捕らえ、警部を甘水《あもうず》の明元寺の柱に縛りつけ、今村が駆け寄り斬殺した。警官を血祭りにあげ意気があがった一統は挙兵の同志と頼む豊津に向かった。一旦解散した学校組の磯淳・宮崎車之助一派も、若者が多い天神組を見殺しにはできないと改めて士族を招集、天神組の後を追った。

時代錯誤な秋月兵

ところで挙兵した秋月党の兵備はどのようなものだったのだろうか。

兵備は明治元年の改革で、藩士はすべてエンピール銃の所持が要求されていたが、干城隊士の銃は火縄銃や抱え大筒で、兵装には小具足《こぐそく》姿もあったことを見る

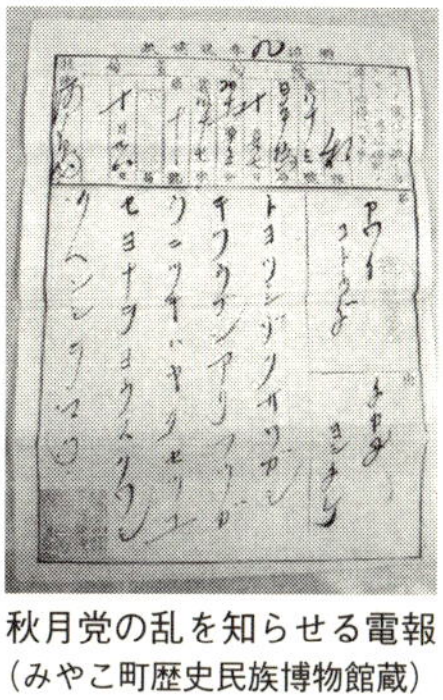

秋月党の乱を知らせる電報
（みやこ町歴史民族博物館蔵）

今村百八郎

と、明治元年の兵制改革は掛け声だけに終わっていたらしい。

秋月党は慶応四年（一八六八）五月、洋式兵制改革を進める家老の臼井亘理を暗殺して以来、明治元年十月、新政府から通達された兵制改革も無視していた。

「朝廷今日軍法英式を主として列藩その意を奉ず。秋藩もまたしかり。干城隊和法を固守す。抑ゆべからずとして、藩主、英式を変じて和法として、その趣旨を朝廷に達せず。今日直に和法（刀槍・火縄銃・抱え大筒）を以て出兵す」とあり、秋月藩士の洋式兵制改革は、まったくなっていなかったことがわかる。

秋月人を評して「山間の辺隅に棲みし為、知見狭く日常の話柄も多く此の将外を出ず、磊落《らいらく》の風に乏しかった」（『秋月のこころ』）とある。干城隊をたとえるならまさにこの通りだった。

出陣のいでたちは立派だった。総帥今村百八郎は総髪に真っ白な鉢巻き、陣羽織姿で軍配を手にしていた。前夜は妻子を実家に帰し、愛人の甘木四日町の三味線屋のお幾知と過ごし、気力充分だった。別れにお幾知には形見の愛刀を授けたが、お幾知にとって無用なものだったのか、すぐ町内の辻質屋で質に入れている。

屯集した秋月兵は気概天を衝くものがあったが、その装備といえば戦国時代以来の「火縄銃・抱え大筒二十丁・槍・刀で、小具足姿もあった」（『秋月党異聞』）。

洋銃はまったく見られなかった。五百余人ほどの藩士で、八流もあった砲術の師範や門下生にとって洋銃などもってのほかだったのだろう。

再現された秋月党士の服装
（田尻八郎氏）

学館へ集合する秋月党

頃合いを見て、隊長今村百八郎は威風堂々、出陣の声をあげた。

「今や朝堂奸人政権を専横し、内は政綱を失して威信なく、外は外国の侮蔑を受けて国威振るわず、皇国の危急このときにあり。

今般義兵を挙げ、君側の奸を払い、国勢を恢復《かいふく》せんとす」

そして不穏な動きに馳せつけた巡査穂波半太郎を血祭りにあげている。それも後ろ手に捕縛した穂波をひざまずかせ、据物《すえもの》斬りで「御免」と気合一閃、極意の一睡流居合で斬り下げた。「首の皮一枚で垂れ下がった頭をゆらせながら穂波の遺体が二、三メートル歩いて倒れた」という目撃談が明元寺に伝わっている。

穂波は殉職警察官の第一号となった。

穂波斬殺については、弟の宮崎哲之介が斬ったともある。

穂波は臼井亘理の妻清の甥になり、今村にはその意趣もあったのかもしれない。ただ今村は供述書で「一刀斬りつけ候処、逃げ出さんとするを壮年兵士ら数人にて惨殺した」と述べている。それでも初めて人が斬り殺されるのを見た兵は異様な興奮に覆われ、秋月藩大極流出陣太鼓三ツ拍子が「ドンドンドン」と打ち出され、ほら貝が吹き鳴らされ、「ブウブウドンドン、ブウドンドン」と家族が声《せい》涙《るい》絞って見送る中、二四八名が気勢をあげながら意気揚々とにぎやかに出立した。

熊本の神風連が鎮圧された報は秋月党が出立した後だった。密使を派遣した福岡・佐賀・久留米などは呼応せず、説得に出かけた益田静方は、二十六日、佐賀

穂波半太郎の処刑

中央・穂波半太郎（筑前勤王党の面々）

から戻る途中で検問の官憲に捕まっていたのである。

その上、萩の前原の乱の情勢も得られないままの出陣だった。途中で神風連敗戦を知ったが進軍はやめなかった。頼みは豊津藩士の呼応である。

頼みの豊津藩士の挙兵拒否

秋月から豊津までは約一五里（六〇キロ）あり、嶮しい山道や峠がつづく、甘水から白坂峠・瀬畑・泉河内・高畑の難所を越え、千手《せんず》から秋月街道に出た。千手宿で豊津から熊本の情勢探索に派遣された友松淳一郎、山川孝太郎に出会い、神風連の敗退を告げた。友松から「何れに至るや」と問われ、今村が「将に豊津に至らんとす」と言った。そこで二人が「いま豊津に至るも、豊津必ずこれを退けん」と止めたが、今村は「肥後ことを挙げるや、長州必ず応ぜんと約す、我輩長州の違約の罪を問わんと欲す。師を起こしてここに至る、何ぞむなしく還るけんや、沿道豊津に至り依頼せんと欲す」といわれ、友松が豊津へ先行し、山川が秋月党に同行した（「旧秋月藩士豊津侵入戦争次第並手負賊討取捕縛人名御届」）。

今村らがあてにしたのは豊津士族の杉生十郎《すぎお》だった。

杉生は維新戦争、柏崎・会津侵攻に小隊長として出征し、同志の征矢野半弥《とやのはんや》と共に秋月党や萩の前原とも親交が深く、豊津決起の中心人物で、前原党の玉木正《まさ》

芥田から千手の秋月街道

誼《よし》（乃木希典《まれすけ》の実弟）と秋月を訪れ、共に起とうと呼びかけたという説もある。

「秋月党も杉生を頼みにして豊津から山口をめざし、前原と手を結ぼうとして、反乱を起こしたのである」（『豊津町史』）。

しかし、豊津では、この八月に亡くなった前家老島村志津摩や有力者の生駒九一郎、そして征矢野半弥も「暴徒に加担せぬよう」と挙兵に反対で、杉生に同調したのは兄の大石半蔵や士族の一部の若者たちぐらいだった。

千手から大隈村に入った秋月党は大隈分屯所を襲い、神田利雄巡査を拉致、夜半に猪膝《いのひざ》宿に入り、造り酒屋の新屋を本陣として猪膝宿に宿営した。この夜、宮原喜蔵が杉生との交渉不調を責められ、新屋で自刃、保々《ほぼ》五郎、春田良助、長野往来が神田巡査をなぶり殺しにするという事件があった。

秋月党が村々から糧秣《りょうまつ》や人夫を徴発していった目撃談がある。

「明治九年（一八七六）十月二十八日の夕暮れ時のことであった。福田、元松から成光にかけて、異様な武士の集団の通過があった。散切髪に白鉢巻、羽織に袴をたくし上げ、背には刀や銃を茣蓙《ござ》に巻いて斜めに背負った二百人余りが、一団となって村へ入ってきた。すぐに庄屋が呼び出され、村々から二人の徴用が申し渡され、屈強な若者が荷送りのために狩り出された。そしてこの集団は辺りを威圧するように黙々として、木枯らしの鳴る雉子越峠へ消えていった。夜になって若者たちは油須原から帰って来た」（『大任町誌』）。

豊津展望（みやこ町）

猪膝宿（田川市）

油須原村に入ったところで山川が「渠《か》れ（秋月党）尚とどまらず故、孝太郎彼の師とともに油須原に至り、同所に留まらしめ」急ぎ豊津に戻って杉生に情勢を知らせた。しかし、杉生は「豊津士族の話も固まらないうちに秋月党挙兵となり、狼狽して入江淡校長に相談した」（『明治懐石』）。

急を知って集まった豊津士族は「方向を定めんことを議し、秋月の暴動に応ぜざるを約す。よってこれを防ぐの策を議す」と決し、「主義は同意なるも挙兵は賛成しかねる」（『豊津町史』）と回答し、鎮台兵の救援を待った。

豊津士族の新政府への恨みは秋月士族より深い。維新戦争では小倉城を焼いて香春に逃れ、妻子九〇〇〇人が藩主の妻の里熊本藩を頼って散り散りに逃れた。香春から新天地豊津を永住の地と定めたが、藩は藩士の住まいを建設する資金もなかった。さらに豊津は新政府から県都を小倉に定められ、藩士は存立の後ろ盾さえ失った。豊津士族の怒りからすれば、本来反乱の先頭に立ちたいのである。

しかし、共にする秋月兵とみれば士気はともかく、三百年前の「陣笠・陣羽織、銃も火縄銃で到底、射程距離も官兵のミニゲル銃に及ばない」（『田川市史』）。

これでは鎮台兵を相手に戦えないのである。豊津兵は第二次征長戦、維新戦争を戦い、戦争の何たるかを知っているが、秋月兵は戦争の経験がまったくなく、戦争とは、殺し合いとは何かをまったく知らない烏合の衆なのである。これでは初めから負け戦になることは目に見えていて、共に戦おうなど口が裂けてもいえ

乃木希典少佐

なかった。その上で、佐賀の乱鎮圧に対して、前家老島村が編制した士族貫属隊に御内家《ごないけ》や育徳館を警護させ、藩士を集め、次のように指令した。

一、油須原からの道筋の続命院《ぞくみょういん》村に、士族五〇人を配備し警戒に当たらせる

一、小倉鎮台の来援を請う

一、杉生十郎を監禁し、秋月党に会わせない

小倉鎮台の乃木希典《まれすけ》少佐は「旧秋月藩の士民多人数兵器を携え、小倉街道に侵入の報有、営所近傍において右等驕慢不逞の挙動に及び兵権に抵触するを以て、直に追伐しべし」と管轄の各区長に布達し、同夜、小倉鎮台は警戒のため田川郡香春へ一大隊を派遣していた。

午後十一時、秋月党本体は油須原宿にあったが、先鋒は石坂にあり、夜半に豊津に入ろうとしていた。午後十二時、秋月党の土岐真澄、鈴木安香が使者として、藩校育徳館学校に赴き、杉生十郎に面会を求めたが会えなかった。

二十九日、豊津の態度に業を煮やした秋月党は油須原を出て、石坂峠を越え、続命院村（みやこ町）の豊津側検問所を突破、豊津に入って一隊は藩庁、一隊は育徳館に向かい、豊津士族が集結した学校を囲んで威嚇した。学校には藩士五〇〇人ほどがいたが、校長入江淡は秋月党の威嚇に苦慮しながら、ひたすら鎮台兵の来着を待った。鎮台兵が来れば共に秋月党を暴徒として討つつもりである。

鎮台兵は午後四時、豊津に着き、学校や藩庁を見晴らす八景山に陣を敷いた。

小倉・常盤橋を渡り、豊津に向かう鎮台兵

豊津藩陣屋黒門（藩校育徳館学校）

「賊徒小笠原氏の金庫を破らんとするを聞き、大隊長津下少佐憤然として怒り、兵隊を分かって二隊とし、その一は育徳中学校の左に出、その一は小学校に向かふ。四時三十分、まず進んで中学校の賊を撃つ、砲声突起す。賊徒狼狽散乱、岡を下って走る。小学校に向かう兵もまた戦いを始む、賊、砲を発してこれを拒む。弾丸雨中す、賊二十余人抜刀奔死して進む」（「秋月騒擾記事」）。

官軍の百姓兵何者ぞ、と秋月兵の気概天を衝くものがあったが、前述のごとくその武器といえば和銃・抱え大筒・槍・長刀である。

維新戦争にも出征していない秋月党には戦争の実態がわからなかった。戦争即ち刀で切りあう白兵戦だったが、実態は違った。官兵の姿も確認できない距離から猛烈な銃撃を浴びて、次々に斃《たお》された。戦闘は訓練を積み武器に優れた鎮台側の一方的な勝利で、秋月党本体戦死一七〜一九人、捕虜一二人、鎮台兵戦死二人、豊津士族戦死一人だった。戦闘の火ぶたを切ったのは豊津側だった。

秋月党の磯安二郎は挙兵交渉中に「其の挙動如何にも怪しむべく思いつつありしに、俄然として銃声の一方に轟くあり、彼らは斉しく喚声を発し、一団となりて突出したり。余ら此の不意打ちに驚きて」応戦したのである。

「豊津戦争賊徒一二人、豊津藩士之手江討ち取り、田川郡出兵の二中隊も豊津へ集まり、一大隊と相成り」（『中原嘉左右日記』）と、豊津側記録にある。

戦闘が終えたのは午後七時で、秋月党は夕闇に紛れ英彦山方面に逃げ去った。

秋月党の乱

秋月党の乱

前述の『大任町誌』には「翌日の夕暮れ近く、同じ人たちが一団となってあわただしく通り過ぎて行った。今度は、荷物は捨てて、負傷者を交えた一団は、血走った眼をして背後を気にしながら、雉子越峠から出てきて、大行事の坂を越えて添田の方へ消えていった。村人に被害はなかったが、黒い不安が心を包んだ」

ここまで豊津側から記したが、秋月側の進軍と豊津での戦闘については、「秋月騒擾記事」の今村百八郎の供述書に沿いながら話を進めていく。

「十月二十八日、進みて油須原にて宿陣し、豊津士族（旧小倉藩士）の応援を促す。兵を以て豊津に迫り、士族を脅し勢いに乗じ鎮台を屠り、一鼓して馬関を渡り、長州に合せん。もし議合わざれば、前約異背の罪を責め、すぐに蹂躙《じゅうりん》すべし」「百姓兵なにするものぞ」と返答次第では官兵もろとも豊津兵も殲滅《せんめつ》するつもりで、のうのうと昼飯を食っている間に、百姓兵と馬鹿にした官兵に包囲されていた。

「二十九日、午飯を喫せし処、四方より鎮台兵に砲撃せられ、味方散乱百方指揮を加ふといえども遂に収拾すべからざる勢いに相なり」

そこで慌てて応戦したが、

「敵の弾はこちらに届き、こちらの弾は敵に届かなかった。しかも、敵は遠距離から射撃してよく命中し、秋月党の和銃は近距離でなければ効がなく、ついに抜刀突撃し奮戦したが死傷者続出し、敗退した」（隊士吉田八十綱）。

鎮台兵

官兵の銃は「ミニゲル銃、上込式」とあり、有効射程距離四〇〇メートル、一分間に二発射撃、平均命中率五二パーセントだった。

『秋月党』には新兵器とあるが、明治陸軍はすでに後装、五連発に代わっていたはずで、この銃は旧式銃である。一方、秋月側の火縄銃は有効射程距離五〇メートル、命中率五パーセントで、彼我《ひが》の比較はまったく問題にならなかった。

「二十九日午後四時半ごろより、小倉の官兵と秋月の賊徒と小戦ありしが、賊はたちまち敗北し器械（武器）を捨てて逃げ去りたり」（『郵便報知』）。

「包囲網を突破しようと豊津方を突破すると道を開けてくれた。裏切った慙愧《ざんき》の心があったのか」（隊士石橋儀三）。

「僅々に一隊をまとめ短兵をもって一方に血路を開き英彦山に向かい逃走し、小石原を経て江川村にいたる。しかるに兵士はすでに疲労し、人数もまた大いに減少し、復為すべき勢いもなく、この上は銘々勝手に離散す」（隊長今村百八郎）。

というたった一戦で情けない次第になった。これは乱というよりは騒動である。

賊軍となった明治の秋月

学校組は台ケ原から光冨の西の山裾を祓《はらい》川沿いに退却、節丸・城井谷をへて、三十日未明彦山町（添田町）に着いた。旅宿綿屋で朝食、午後四時頃、江川の栗

秋月党は険しい英彦山沿いを退却していった

鎮台兵の攻撃

河内で隊を解散し、磯淳以下幹部七人は、川上弥作方を本部に、どぶろくで宴を張り、その後、副区長の江藤と吉村宛に遺書をしたため、従容《しょうよう》と自刃した。

今般肥後並びに豊津のほか、数藩と合議の上、神州元気恢復を謀る故に僕輩もまた、米柳（久留米・柳河藩）とともに謀り、宿志を達せんことを、しかるに米柳未だ事を発せず、二、三の激徒軽挙のため事機を誤られ、遂に成らず。小児輩の所為のごときを慨嘆すれども及ばず。すでに余輩死を決す。しかるにこの挙のため秋月の士族死を致すや少なからず、実に憐のいたりなり。左の人命のごときはともに事を謀るに非ず。ただ附和随行するのみ故、寛典の処置あらんことを願ふいささかを両兄に陳す。願くは憐察せよ。

明治九年十月三十一日

磯　淳
宮崎車之助
土岐　清
戸原安浦
戸波半九郎
磯　平八
宮崎哲之介

江川谷栗河内

宮崎車之助

戸原安浦

六人の介錯は一番若い二十五歳の宮崎哲之介がした。介錯はよほどの達人でもなければ一刀で斬り落とせない。斬り落とせなければ何度でも首を打つことになる。死にきれずのたうち回る者、気が動転した哲之介が何度も振り下ろす刃が首の骨をかむ音が月下の谷間に響き、自刃の現場はこの世の地獄を思わせる凄惨なものになった。全身に返り血を浴び気力も力も尽き果てた哲之介は、最後に首に刀を突きたて逝った。

「小石原村通行賊徒一三九名、その内銃器を携える者二四名、その他槍長刀弓矢など相携え候。手傷負い候者あり、頗る疲労の趣に相見え候」、「この頃になると脱落者も増え、秋月の県官事務所に四〇人ばかりが自首した」

一方、今村百八郎の天神組は秋月逆襲を謀った。

「人数を点検するに六〇人ほどあり、秋月学校に屯集の官軍を夜襲すべく夜行、十一月一日、秋月へ達したる頃は二六、七人ほどあり」（隊長今村百八郎）。

秋月党は小石原を経て江川村に入ったときには六〇～七〇人になっていた。

この夜、集結した者を前に今村は解散を宣言した。そして十一月一日、残った二七人の有志を率いて今村は討伐隊の待機する秋月学校を急襲した。そして、投降する者、逮捕された者、離散潜伏する者などで壊滅した」。

午後十一時頃学校を襲い、「居合わせた一両人を秋月兵士が惨殺し、女男石の妙源寺（明元寺）に屯集の官兵を襲って、警察出張所に乱入、同所を放火し、秋

自刃七士碑

明元寺

月小学校に引き揚げ、散在せる帳簿を閲し、宮崎車之助、磯淳、土岐正澄（清）など数人が自裁したるを初めて承知いたし、覚えず落涙したり」（隊長今村）。

古処山を経て秋月にたどりついた天神組の残党は辻の学校を襲撃して、対策本部にいた副区長江藤良一を襲い、江藤は槍で応戦したが戦死、江藤は磯淳が遺書を託した人である。中町で福岡県属加藤木《かとぎ》貞二郎も戦死、負傷した秋月党の保々《ほぼ》五郎、石井鉄次が自宅に戻って自刃している。保々は父が介錯したが、厄介の石井は継母を気にする家族に拒まれ、家裏の藪中で無惨に一人腹割き切った。

今村らは官兵が留守家族二〇〇人を拘留していた女男石の警官出張所を襲い、明元寺田圃で乱闘、双方に死傷者を出し、火を放ったため近隣の七戸を焼失した。この夜間の戦闘のさい、官側の秋月士族、井上津守、吉田作十郎、佐々木喜が同士討ちで仆れ、原田保晴、高柳新と平民の鳥飼柳平が戦死した。

夜襲の成功に気をよくした今村らは天神組の残党は天神社に詣で、その後祝杯をあげた。このとき秋月一の美人といわれた牟田止戈雄《しかお》の妹清田かつ（十九歳）が、一升徳利を袖に包んで兄を訪ね、武者にお酌して回り、これが後に「牟田兄妹出陣の図」として、錦絵が売り出され評判となった。

官兵は江川から熊本鎮台兵、甘木・三輪から巡査隊に福岡鎮台兵、添田方面から は小倉鎮台兵が追撃して秋月を包囲したが、この頃には今村率いる秋月党の残党はすでに夜須の三箇山《さんが》へ潜行していた。

「秋月より桑曲を経て三箇山旧庄屋佐藤右衛門宅へ至れば人員僅かに二十余名にて最早事為すべからずと決心、銘々解散せしめ残る者は自分を合わせ十一人なり、これにおいて自分は断然自尽と覚悟を極め候ところ、牟田止戈雄から、『長州・佐賀のごときは不日事を起こすべし、しからば再挙の期なきにあらず。いま国家のために義兵を挙げ、一朝事敗れてむなしく死に赴くは大丈夫にあらず』と励まされ、その意に同し、携帯する兵器を同所洞穴へ隠し、各自気脈を通ずるため音信は野町村香川恕経《ゆきつね》方へ伝と申し合わせ、金二十円を分配し別れた」

三箇山に着いたのは午後四時頃で、同行者は一八人、今村は若年者を諭して七人を秋月に帰らせ、栗田村の山奥石ケ谷に潜んだが、十一月三日、敗残行に行きづまり、一同を解散した。その後、今村は宝満山中や箱崎八幡神社に潜んだが、総髪の髪を切り、変装して三田尻商人升屋竹蔵と称し、萩に渡ろうとするが検問が厳しく、佐賀に向かう途中で前原一誠の乱の敗退を知った。

十一月二十四日、山隈郷士族上野清義宅へ立ち寄り、どぶろくを馳走になっているところを密告され、巡査に囲まれ逮捕された。取り調べで今村は責任回避に躍起になり、挙兵謀議はしていない、隊長は頼まれてやっただけ、人は殺していないなどと言い訳に終始、一軍の将足るどころか、武士の矜持も見られなかった。

一、軍資金調達については存じ申さず（甘木の商人から脅し取ったこと）。

秋月の乱

一、大隈町にて福岡巡査神田敏雄を捕らえ、斬殺せしは後にて承知いたし候。
一、錦原戦争の節は敵兵一人の殺傷しえざると遺憾に存じおる処、鎮台兵並びに豊津族に死傷ありの段、今般はじめて承知致し、快を覚え候事。
一、女男石警察署・秋月小学校夜襲の節、行徳十五等出仕加藤木、少属区長江藤良一戸長一名、人力車夫一名、そのほか数名を殺し、岡野警部を傷つけたるは誰の所為なるや存じ申さず。
その中、井手得造を殺したるは土岐熊雄、江藤豊の両人なるは通過のさい見受けおり候処、土岐熊雄より、自分の指揮によりて殺したりと申し立て候趣き、その節多事のさいにて、確たる義は覚えず候えども、熊雄より申し立て候儀相違ありまじき候事。
右のとおり相違不申上候以上
明治九年十二月三日　今村　百八郎

「義挙」といえば聞こえはいいが、大義も計画性もなく、一戦で壊滅した。しかも負け戦で秋月に戻った彼らは自暴自棄になったのか秋月夜襲では、町を警護する秋月士族と斬りあい、撤収のさい、町を焼いたともある。

「轟然爆破火は茅葺に炎上し、見る見る猛火は軒より軒に類焼、遂に造酒に引火して、いよいよ猖獗《しょうけつ》★、さらに大紅蓮の焔は町を越して川沿いの家屋をなめ、

▼猖獗
猛威をふるう。

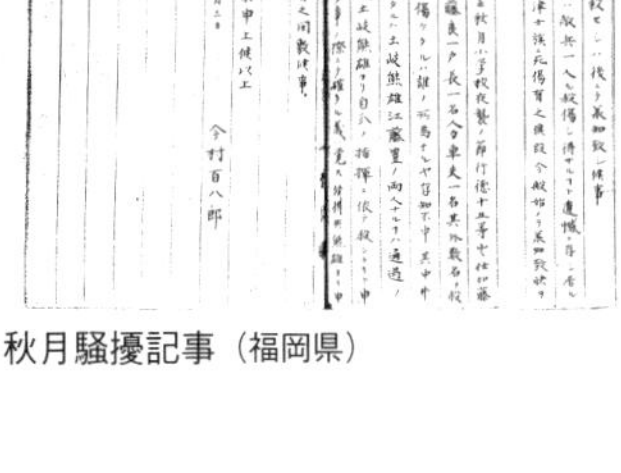
秋月騒擾記事（福岡県）

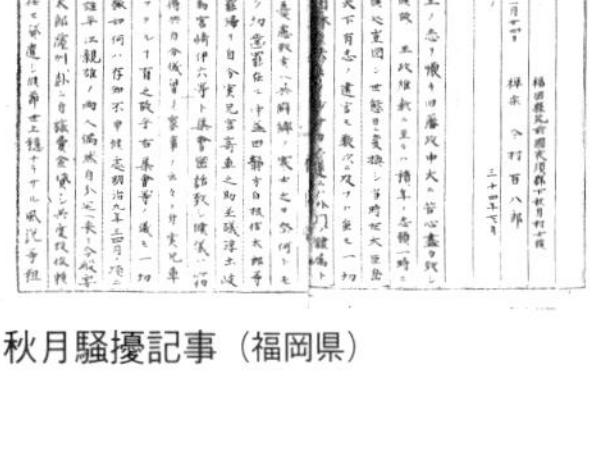
秋月騒擾記事（福岡県）

炎々たる焦熱地獄に町民阿鼻叫喚、牛馬また喧噪する悲惨です」（『秋月党』）。

このような秋月党残党の逮捕には、福岡県令の布達で、旧宗藩士族が協力した。「賊党打止生捕実地明細書」にその模様が報告されている。「十月三十一日、上赤村で一人、下落合屋形原で三人、添田浦店道で三人」などとある。

十二月三日、福岡臨時裁判所で秋月挙兵国事犯に判決があった。

一、士族を除族・斬首　二名
一、士族を除族・懲役　一九名
一、士族を除族　一二四名
一、咎めの沙汰に及ばざる者　一七五名
一、不審に係り無罪　六四名
総計三八四名

主犯の益田静方、今村百八郎は死刑判決を受け、同日福岡桝子屋町の獄を出され、斬首刑に処せられた。秋月党の乱の戦死一八人、自刃が磯淳・宮崎車之助ら七人のほか、猪膝宿で自刃した宮原喜三、敗走中に自刃した中村朝路、伊藤国重、戦闘で傷つきもはやこれまでと自刃した保々五郎、石井鉄二らがいた。

秋月党の出征者は下秋月村が一番多く、次の野鳥村と合わせて三分の二を占めている。中には山を越えた千手村や長谷村、四三島村、山見村出身もあるが大身

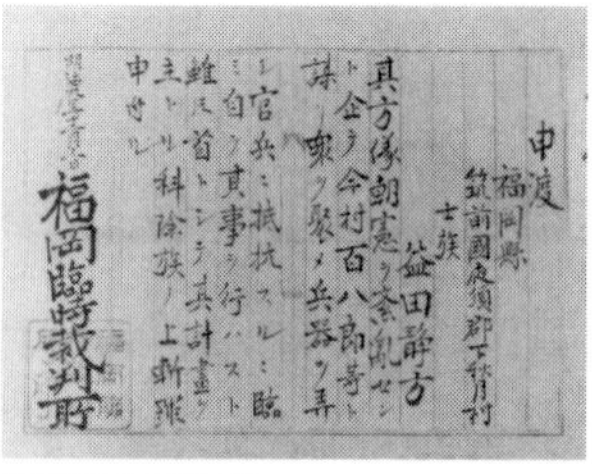
益田静方判決書

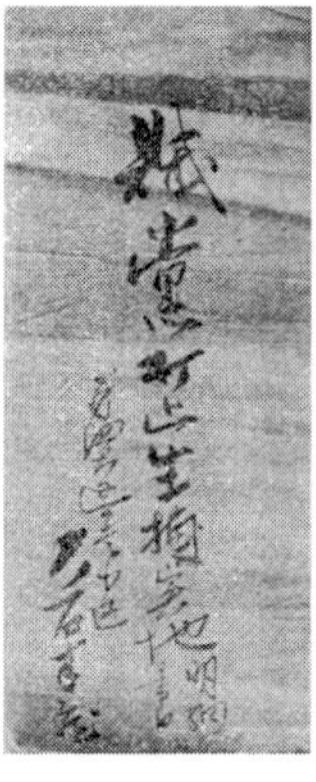
賊党打止生捕実地明細書

は少なく、宮崎・今村兄弟など中士出身が若干で、大部分は下士や郷士である。

今村百八郎の供述に隊士に対する憐憫の情がまったく見られないのは、下士を人として見なかった当時の身分差による驕りがみられるのは否めない。

また、警備の官側の戦死者にも秋月士族がいた。副区長江藤良一、副戸長原田保晴・同高柳新、士族吉田作十郎・井上津守、町民井手得蔵、傷者・士族高根勝也、高木春次郎、平民鳥飼柳平などである。その他秋月での官側の死傷者は死者九人、負傷者七人にのぼった。秋月党の挙兵には父子や兄弟も多くいた。大義なき挙兵は多くの士を失い、最後には秋月士族が相戦う悲劇に終わった。

一方、豊津では、杉生十郎・山川孝太郎・友松淳一郎・山口九一郎・田中彦次郎・名倉徳蔵が捕らえられ、のちに杉生は「秋月に済まない」と自刃した。

戦死した秋月党一六人と一人節丸の山中で没していた鎌田善蔵の亡骸は墓に手厚く納められ、豊津の人たちによって今日まで祀られている。

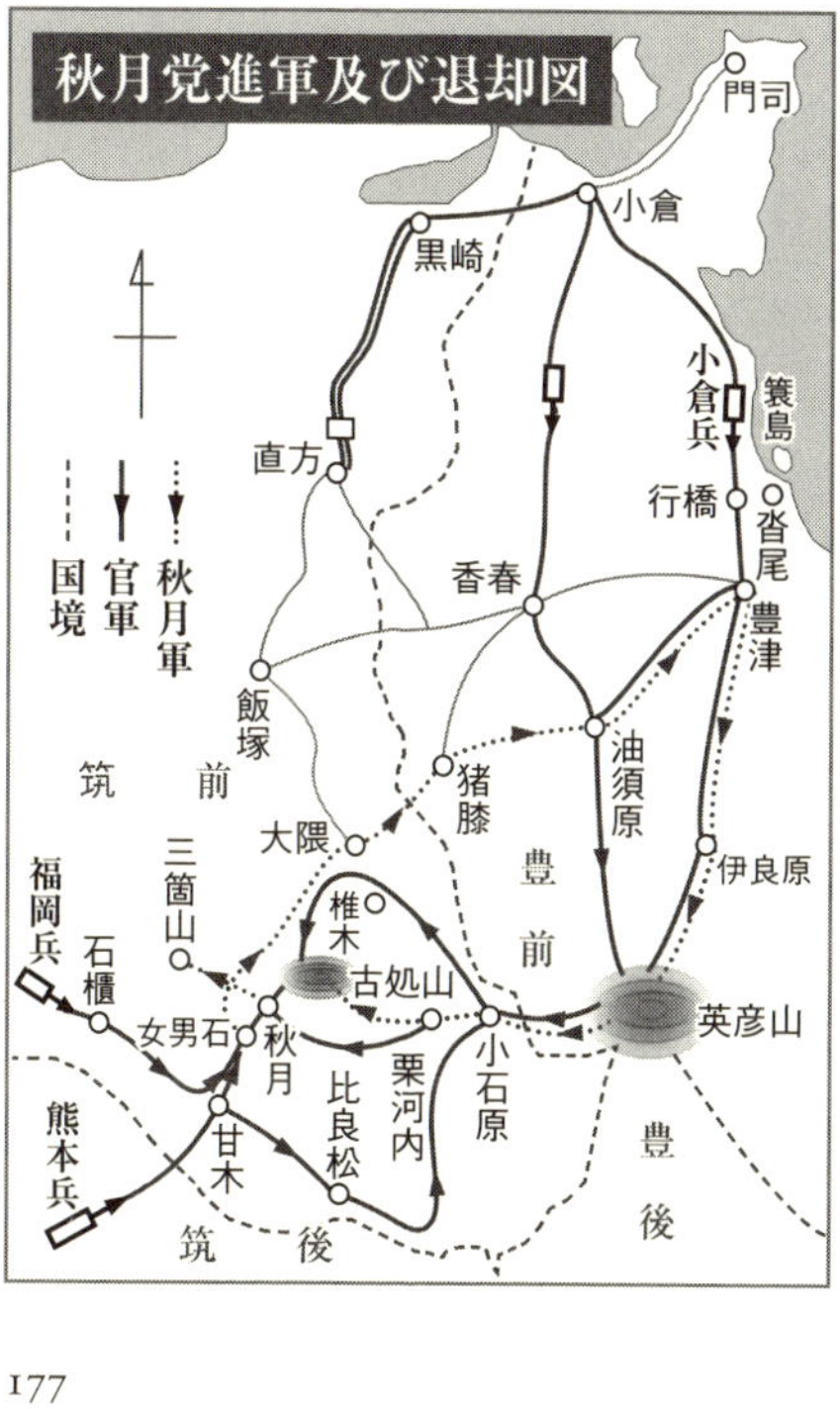

秋月藩士の墓（豊津〔みやこ町〕）

これも秋月

秋月藩林流抱え大筒保存会／光月流太鼓

秋月藩砲術林流抱え大筒保存会

明治九年（一八七六）の秋月党挙兵のさい、砲術隊長中野五郎三郎が豊津での戦闘で傷つき、逃れてきた八丁越えの麓の大力（嘉麻市）の縄田家にかくまわれ、中野がお礼に大筒二門を贈り、その秘儀を伝授し、縄田家が代々伝えてきた。

昭和四十六年、縄田勇造氏を迎え、「秋月藩砲術林流抱え大筒保存会」が発足した。ただ、川上水舟『秋月党』には豊津戦で中野に負傷はなく、大筒は捨て置き十一月三日、今村らと別れ潜伏し、十二月二十三日に福岡署に出頭し、収監されている。

中野らが潜んだ二カ月弱で大筒の秘儀を伝えたというのは謎である。一山超えた馬見には縄田姓が三〇軒ほどあり、山深い馬見神社など潜む場所もあり、潜んだのは馬見ではないかと思われる。

また、縄田家が藩政時代から中野の門弟だったとしたら、中野をかくまったことも、技を受け継いできたことも納得がいく。

保存会は現在、木下昇一会長の下、毎年一月の初撃ち、十二月の撃ち納めのほか、秋月春秋の祭りや全国に出張して、その伝来の技を市民や観光客に披露している。

秋月藩林流抱え大筒実演

光月流太鼓

寛永元年（一六二四）、初代藩主黒田長興の秋月入国を祝い、陣太鼓番の警固清之進が月明かりの下で打ったさい、太鼓の撥の影を見て編み出した曲打ちを披露したところ、長興の興を得て「光月《こうげつ》流」の名を賜ったとある。

光月流太鼓

2

日本最後の仇討

維新で時代が変わろうと武士の子は武士だった。
父の非業の死に仇討を誓い、開化の時代を顧みることなく苦節十三年、
本懐をとげた臼井亘理の一子六郎もまた時代に抗した秋月黒田武士だった。

藩を割った執政暗殺の波紋

慶応四年（一八六八）五月二十三日深夜の臼井亘理暗殺事件は、そのままに終わらなかった。

暗殺犯はすぐ知れた。犯人たちが置き忘れたと思える手槍と名前が記された竹の皮の二つの笠が残されていて、干城隊員のものだったからである。

駆けつけた親族や知人友人はかってない暗殺事件に驚愕したものの、ことの次第をしたため、亘理の弟渡辺助太夫と吉田新左衛門が連署の上、藩庁に届けた。

私共親族臼井亘理、昨晩刻帰着仕り、近親内歓迎のために参会仕り、初夜過ぎ引き取り、家内も午夜頃に掛り、追々打臥申し候。然る処暁七ツ半（午前五時）

亘理を襲う干城隊士『冬楓月夕栄』

頃、何者に候哉、数人襲人亘理夫婦切害仕り、亘理首は持ち去り申し候。

依之近親内即刻打寄り、詮議仕り候処、兵隊之印有之候竹笠二つ。手槍一筋取落候様子に而、門内外有之候に付き取り入れ申し候。此段御届申上候。

五月二十四日

吉田新左衛門

渡辺助太夫

この届を渡辺助太夫・山田省己・小林伝太夫・高橋次郎兵衛・近藤徳左衛門・吉田新左衛門の六人が届け出た。

藩主長徳は上京していて、担当家老は五月に新任したばかりの吉田悟助である。吉田は「兵隊（干城隊）之印有之候竹笠二つ」をみとめると苦虫を咬んだような顔になった。兵隊総督は吉田で、隊長は子の万之助である。証拠を突き付けられたも同然で、新任早々の失態であり、尋常ならば申し開きができない。

武士ならばすぐにも責任を取って身を退くところであるが、亘理暗殺は藩主に随従した次席の田代も知っていることである。そこで居丈高に声を荒げた。

「亘理は己が才力を慢し、我意を募り、人望に悖り、為に主君の勘気を被り、其の奸曲の所業、隊士が聞くところとなり、憤怒のあまり昨夜の出来事とはなりぬ。此節非命の死を遂げ候段、自業自得たり、余もほとんどその処置に困却せり。併して彼が首級は隊士持ちゆき、屯集所の庭前に棄ておいたりとのことなれば、各方請取帰りて、殯斂《ひんれん》（亡骸を安置）ありてしからん」（『臼井亘理遭難遺蹟』）。

つまり、亘理の死は自業自得であると切り捨て、「亘理の首級は、隊士が屯所に持ち帰り、庭に捨てたとのことなので、拾って持ち帰るがよい」と言い捨てた。

吉田悟助の家老とは思えない一方的で冷酷な言葉に、一同は愕然となった。

「一藩の棟梁たるものが何たる態度、何たる雑言」と、悲憤慷慨《こうがい》する中、検死の横目江藤東一郎・名越勇三郎が訪れたので、用意の届書を差し出した。


今暁七ツ半頃、何者とも知れず忍び入居候段、下女雇女告げ来たり候に付き、游翁（亘理の父儀左衛門）脇差、提灯相携え駆けだし候処、門扉少開き、数人扣居候故、鎖候含に而罷越候処、抜刀之者提灯に斬り掛り候に付き、路地口小楯に取可、防飛戻窺い居り候えども追い来たらず候。然るに亘理方出来たらず。屋内物静かにつき、無心許、亘理寝間へ参り候得者、妻共に切害致すにあり候。全く暗殺と相見え、夫妻顛倒之模様これなく、各方御見分け之通りに候。扨亘理の首級相見えず候条、屋敷内外吟味候えども終に相見えず候。賊ども忍び入り候は西之方、塀を越え、内之門を開き、一同入込候様相見候。寝間へ忍び入り候節は、納戸口並びに東椽両所より立ち入り候様子に御座候。賊逃げ去り候節、奥庭路次板屏押倒し有之候。門内外に手槍一筋、竹皮笠落ち居り候。笠には姓名も記有之候。末女も聊手傷有之候。右荒増し書記申し上

日本最後の仇討は多くの本にとりあげられた

げ候。

五月二十四日

吉田新左衛門
渡辺助太夫

横目の検死では干城隊の申し分と異なっていたが、亘理暗殺を知って至急藩主が戻った十日後の沙汰も何ら変わることがなかった。

それどころか「家名断絶をも仰せつけられるところ、旧家の儀に付き、格別寛大の思召しを以て家督を継がせる」と、亘理の死を惜しむことはなかった。

凡庸な藩主は家老の吉田と田代に押し切られたのだろうか。

反対に暗殺犯の干城隊には「国家のため奸邪を除く赤心より出候事」とし、干城隊士」は「誠忠の士」として何の咎めもなかった。

亘理暗殺を示唆したと思われる干城隊の新たな役員今村百八郎など「深く御穿《せん》鑿《さく》に及ばれず、御叱りの上無足組新座仰せつけられ候」にとどまっていた。

事件の夜、今村、江藤正澄、宮崎車之助は応援のためか、指揮のためか臼井の屋敷の近くにいた。調練引き立て役の山田金六郎など亘理の下で洋式調練を受けたと思われるのだが、干城隊の不穏な動きを亘理に注進することもなかった。

吉田悟助の屋敷では事件の夜、終夜門を開いて首尾を待っていたかのようで、干城隊員の出入りも激しかったという。

しかし、暗殺事件に対する藩庁の処置は、遺族だけでなく臼井、中島を支持する者たちを憤激させた。とくに家老吉田悟助の「亘理憎し」の意がありありとした処置は、暗殺犯の元凶が吉田そのものだと思わせた。そして本来中立的な立場から問題を裁く立場にあるはずの家老の田代四郎右衛門の同調も、この暗殺が二人を中心に謀られたことを確信させた。吉田の養子第八は田代の弟で、二人はかねてより同腹だったのである。

「秋月藩黒田家略史」は田代家（土岐家）の手になるものだが、

「参政相勤居り候者一名、非役士族一名、右二名いずれも名義順逆を誤り、邪説（開国近代化）を主張し、正論（攘夷・鎖国堅持）を妨害し、一新を妨げ、朝旨還奉の道も立ち難きを恐れ、兵隊の者去蠹除姦（害虫を除く）の意にて、その罪を声し、殺害に及び候」と、臼井亘理暗殺のおかげで「挙藩鎮定反論一定して、もっぱら一新の政教に向かい候也」とあり、臼井亘理暗殺によって、藩論が一定したとある。ところが事実は臼井・中島暗殺に対する藩の処置について、藩士の間に疑問や批難が多くなり、これらの藩士たちは公正な藩政を求めて現首脳を排撃しようとした。臼井党の松村長太夫・上野四郎兵衛・手塚小右衛門、中島党の吉村九内・右田平八郎・渡辺約郎・手塚安太夫・吉田主礼・宮井喜六・吉田右近・磯与太夫・磯謙之介らが一団となって「現時藩政庁は少壮隊士を後盾とし、専横の藩政を行う」（『甘木市史』）と宗藩に訴え出た。とくに松村長太夫は建白書を以

臼井亘理邸跡（田部分）

て臼井事件の公正な処断を求めた。

訴えを受けた宗藩は、吉田悟助・宮崎車之助・宮崎千代三郎・萩谷伝之進らを福岡へ召し出し、牢に収監し、その他の隊士は閉門とした。

そして参政槙木玄蕃・倉八権九郎・浅香一索・山口蚊・奥村貞らを秋月に遣わし、取り調べさせた。しかし、この頃の宗藩の藩政は尊攘派政権で、暗殺事件の処置でも干城隊の今村百八郎らの要請を受け、干城隊の処置に対する温情を秋月藩に申し入れていたほどで、結論は見え見えだった。

そのため訴えは藩政改革を快く思わぬ者や、不平不満から起こったものだとして、吉田悟助らを釈放して、訴えでた吉田右近・手塚小右衛門・上野四郎兵衛・松村長太夫・吉田主礼・吉村九内・毛利三三次・時枝作内・時枝進士・宮井喜六・渡辺恭平・右田平八郎を投獄した。投獄は明治に世が変わっても解かれず三年に及んだが、このうち、家老吉田右近・吉田主礼は隠居、時枝進士・渡辺恭平は廃嫡させられた。一方、吉田悟助は新政府の改革で執政になった。

ところが明治二年（一八六九）六月、版籍奉還となり、四年には廃藩置県となって、藩庁は廃止され、藩がなくなり、残された藩士はまっ二つに分かれたまま明治を送ることになったため、これを嫌って秋月を出る藩士も多かった。

中央三条実美、右早川勇

福岡城上之橋御門

復讐を誓う幼い亘理の嫡男六郎

事件の年、亘理の嫡男六郎は十一歳、もう道理のわかる年だった。

家督は六郎がまだ幼いこともあって、亘理の弟渡辺助太夫が臼井家に戻って継ぐことになり、六郎は養父の下で養育されることになった。

しかし、六郎の脳裏には血の海に横たわる父の首のない亡骸、ずたずたに斬りさかれた母の遺体が鮮明に刻み込まれたまま、記憶から消えることはなかった。

このときから六郎は両親の仇《あだ》を討つことが自分に課せられた使命だと思うようになった。事件の後、父の汚名をそそぐために助成してくれた人たちが、却って宗藩から処罰を受けるなど、公正な裁きが得られないことがわかってくると、助成してくれた人たちも口をつぐむようになり、六郎は孤立感が増していった。

嫡男を失った祖父も、兄の無念を晴らせない養父も口数が少なかった。

養父は苦悩しながら、それでも六郎に稽古館で学ぶように言った。

そのなかで六郎は干城隊士の誰が父を討ち、母を斬殺したのか知ろうとした。その仇は偶然知れた。六郎の「復仇自首書」によれば、

「一日、臣（六郎）学館に至るや、幸いなるかな、天これを知ら示しものなるか。同県士、一瀬直久（山本克己）の舎弟道之助なる者、伊藤豊三郎、間錸之丞ら三、

臼井六郎

四名の友を集め、臣の傍らにおいて誇言して言えり。
国賊臼井亘理を斬殺せしは、わが阿兄の下手なり。このとき阿兄家伝の名刀を帯せしに、過って刀歯を欠けりと、公然吐露せしを聞くことを得たり」

そして母の斬殺犯は投書で知った。

「且、或人投書ありて曰く、亘理を殺害せしは一瀬直久（山本克己）にして、妻を殺害せしは萩谷静雄（伝之進）なりと」

驚喜した六郎は飛んで帰り養父の助太夫に報告した。しかし、助太夫は六郎に、

「復讐は往古より国の大禁なり。汝、復讐を為さんと欲せば、まず、文武を学び、その理を研究し、しかる後これを決定すべし。軽々しく粗暴の挙動相ならず」

仇の山本家は代々、丹石流剣術指南の家柄で、一家は剣の使い手だった。十一歳の六郎はもちろん、大人でもよほどの剣の腕でもない限り、立ち向かえる相手ではないのである。その上、敵は子どもであろうと容赦ない干城隊である。

吉田悟助以下干城隊が天下のいま、不用意な言動は差し控えねばならなかった。くわえて時代は奔流のように荒れ狂い、容赦なく武家を変転の中に巻き込んでいった。鳥羽伏見の戦いから一年にわたった戦争（戊辰戦争）を経て、全国を平定した維新政府は、睦仁親王を奉じて明治天皇となし、序で天皇を中心にした中央集権国家の確立を図って、明治二年（一八六九）六月十七日、全国諸藩に版籍奉還を命じた。

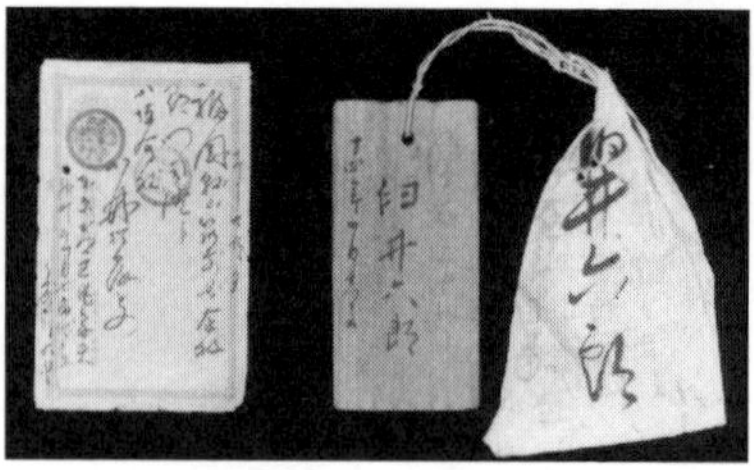
臼井六郎の持ち物

臼井儀左衛門

ここまでは藩主が知藩事と呼び名が変わっただけで、幕藩時代と変わらなかった。しかし、明治四年七月十四日、廃藩置県が発布され、秋月藩は秋月県となり、八月二十三日、藩主黒田長徳一家は上京を命じられ、秋月を発った。よって立つ足元の崩壊に武家の間に衝撃が走った。

この頃、福岡から幽閉されていた一一名が釈放され、秋月に戻ってきた。

そのなかに叔父の上野四郎兵衛がいたが、叔父は体調が癒えると秋月を嫌って上京した。十五歳になった六郎は密かに、父の仇を知ったことを書いて送ると、叔父から手紙が来た。手紙には叔父が養父の助太夫から聞いた話として、御殿の門番の井出某が山本克己の父の亀右衛門が息子の克己への怒りを口にしていたというのである。亀右衛門は亘理の改革の支援者だったが、こともあろうか息子の克己が家伝の名刀を持ち出して、刃こぼれさせたわけを問いただすと、亘理暗殺に使ったとのだと白状した。亀右衛門は崇敬する亘理を暗殺した克己を手討ちにしようとさえ思ったが、暗殺は家老吉田悟助も合意の、いわば上意討ちだと言われて、それもできなかったと嘆いたということを聞いた。

しかし、助太夫がこのことを六郎に話すことはなかった。幕藩体制が崩壊し、武士の世が去ったとはいえ、それは形だけで、実際に武家は存在していたのである。それどころか封建の世の崩壊で特権を失った武家は、よりどころを失って、その不満と将来に対する不安から自暴自棄になって、若い者には不逞を働く者が

上野四郎兵衛

多くなり、事あれば一触即発の状態だった。

六郎が仇を狙う前に、干城隊の一味から返り討ちにあう方が大きかった。

史上空前の筑前竹槍一揆

明治五年（一八六二）、六郎は十五歳になった。旧制ならば元服の年である。

その六郎は父の仇の山本克己が上京したことを知った。仇が一挙に遠くなり、六郎は焦った。この頃、六郎の無念をも吹き飛ばすような大事件が秋月一帯を襲った。明治六年六月に起きた参加人員一〇万人といわれた筑前竹槍一揆である。

藩政時代はあまりなかった農民一揆が維新後、全国で頻発した。それも維新のひざ元長州や九州が多かった。巷には「天朝は徳川に劣る」という声が高かった。それだけ維新政府の政策は農民の期待を裏切るものだったことがわかる。

発端は旧秋月領の嘉麻郡高倉の村民と豊前領の米相場師のもめごとだった。

この年は日照りがつづき田植えが遅れていた。そこで日吉神社で雨ごい祈禱を始めたが、「猪膝の者共毎夜山上に火を焚くが故に、山神これを嫌い給いて如是雨降らず」、日照りつづきは猪膝の相場師ののろしの所為だとしたのである。

六月十五日、高倉村（飯塚市庄内町）の農民たちがこれを止めさせようと猪膝宿の相場師筆海《ひっかい》の家に押しかけた。猪膝は豊後である。他国者が押し掛けたとし

高倉村の日吉神社

高倉村と金国山

て近隣の農民がかけつけ取り押さえた。逃げ帰った者が急を知らせ、いきりたった村民が筒野村の医者渕上琢章《たくあき》に決起を懇願、渕上はわが子も捕らえられていることを知って、嘉麻郡二七村の保長に回状を廻した。一方、庄内衆は捕らえられた者たちを救うべく猪膝に向かったが、捕らわれた者たちは放免されていた。しかし、この頃には回状で知った上嘉麻の農民、大隈・千手谷の農民が松明《たいまつ》をかかげ、小さなもめごとがふだんの不満のはけ口となって、近隣からも押しかけ、庄屋や富商の家を次々に襲い、またたくまに三万余人の一揆となった。

一揆は幾手にも分かれて進み、鞍手・遠賀・宗像・粕屋郡に怡土郡の村々も加わってますます増えていき、財産家や村役人の家を打ちこわし、次には「県庁を打ち破れ」と福岡へ向かった。二十日には西門橋から福岡へなだれ込み、太田屋、萬屋などを打ちこわし、県庁へ押し寄せたが、県令は欠員で、参事水野千波、権参事団尚静が対処し、一揆側は要求書を渡した。

一、御年貢は向こう三カ年間、徳畝のこと（年貢の減免）

一、知事様ご帰国、（旧藩主の帰国要請）黒田県のこと

筑前竹槍一揆の進路と不参加村の分布

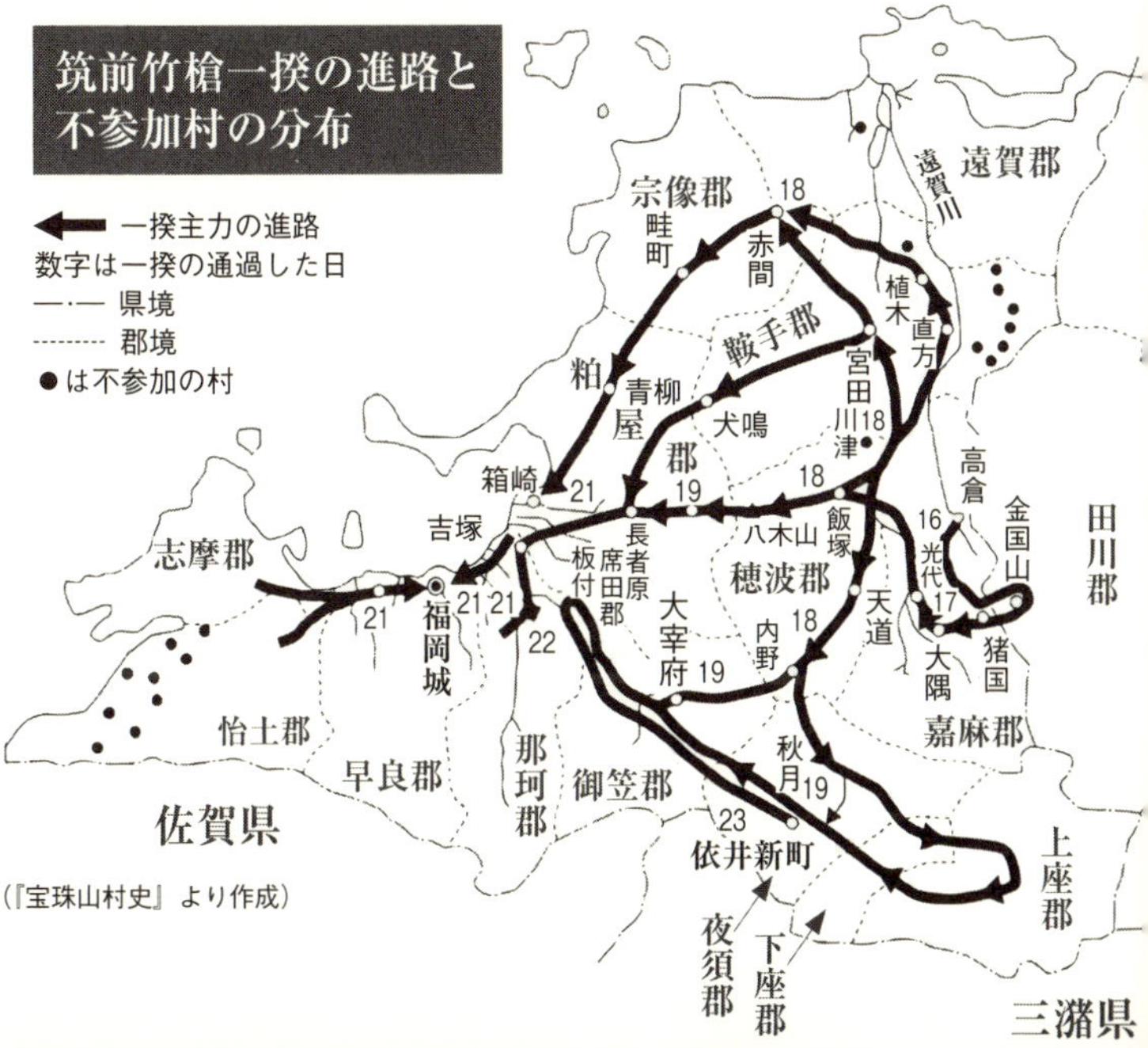

（『宝珠山村史』より作成）

一、学校と徴兵と地券発行取りやめのこと

しかし、藩政時代ならまだしも、中央集権政府となったいま、福岡県の参事が約束できるはずもなく、業を煮やした一揆勢は二十一日、県庁へ突入、県庁側は鎮撫にあたった士族の応援で発砲、白刃をかかげ、一揆勢を撃退した。

秋月・朝倉地方で狙われるのは豪商が多い甘木宿だった。山向こうの嘉麻の一揆はすぐ伝わった。白坂峠を一揆勢が越え、襲来するのは必至で、町はもちろん村々も一揆に「不随行」の村は放火・乱暴するというので、村々は対策を練ったが、秋月・朝倉の村々にしても政府に対する不満はあり、一揆参加に決まった。

一揆勢は顔に墨を塗り、頬かむりして各々竹槍を手にして、所属する村名を書いた提灯や旗を打ちたて福岡に向かった。提灯や旗は村人がはぐれないための目印でもあり、また「不随行」とみなされないための参加証でもあった

筑豊勢が鉄砲で撃退された後、福岡に向かった朝倉・席田・那珂・御笠の一揆勢に追いついた「三奈木の殿様」旧福岡藩大老の黒田一雄が「要求があれば取り次ぐ、県庁襲撃の一団は砲撃を受けて敗退した。これ以上騒ぎを起こせば、いたずらに犠牲を出すだけだ」と翌二十二日の午後四時頃までかかって説得した。

一揆勢の福岡襲撃は免れたが、一揆勢の不満が解消したわけではなくその矛先は村々や在郷町に向かった。筑豊は沈静しかけたが甘木・朝倉が激しくなった。

明治９年の福岡県庁

打ちこわしにあった千手宿
（日本市『秋月街道』）

甘木を打ち崩すと上座郡に向かい、一団は下座郡へ、また他の一団は秋月を襲った。それも甘木を襲ったのは御笠郡の者で、大宰府を襲ったのは甘木の者で、というふうにそれぞれの居村を避ける巧妙さがあり、計画的な暴動を思わせた。

一揆は波打つように一方が退けば、一方に新たな一揆が起こり、ようやく沈静したのは七月五日だった。しかし、一揆勢の破壊はすさまじく、とくに醤油屋や酒屋は、桶樽を壊され、数年間、生産再開ができないほどだった。

一揆勢の処分も無惨で、死罪四人、懲役九四人を含む六万三九四七人が処罰を受けた（『甘木市史』）。幸い武家町は襲われなかったが、六郎は民衆が深奥《しんおう》にひそめていた恐るべきエネルギーを知って、自分もやればできると心に誓い、その時がくるまで怨念のエネルギーを内に貯めることに努力した。そして一刻も早く仇のいる東京へ行くことを願った。この頃、学制改革が交付され、各地で小学校が開校した。明治九年五月、十九歳の六郎は三奈木小学校の教師になった。

仇を求めて東京へ

教師になって三カ月後の八月、六郎は親族の木付篤《きつき》が上京することを知って、東京に出て新しい学問を学びたいと養父に願い出て許された。六郎は小躍りしたい気持ちだったが、心のうちを養父に知られるのを警戒して、あくまで勉学修行

一揆を鎮めた黒田一雄

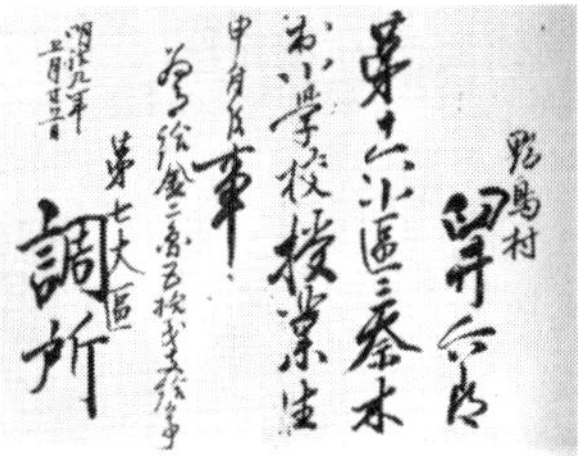

六郎の三奈木小学校教員辞令

として、八月二十三日、木付と共に秋月を後にした。東京では叔父の上野四郎兵衛宅に寄宿した。叔父の家に落ち着いてまもなく、故郷の秋月で驚くべき事件があった。十月二十七日、秋月藩士が政府に対して反乱事件を起こしたのである。首謀者は干城隊幹部の宮崎・今村兄弟で、六郎も秋月にいれば、事件に巻き込まれるか、狙われたのは確実だった。事件は数日で政府軍に鎮圧され、宮崎ら幹部七人が自刃と新聞で知って、六郎は仇の一味に天が罰を与えたのだと思った。東京では勉学修行といいながら、目的は仇の一瀬直久こと山本克己の居場所を探ることだった。一瀬は旧福岡藩攘夷派早川勇を頼って上京したことを聞いていたので、早川の周辺を調べた。早川は司法裁判所の判事で、早川の引きで一瀬は愛知裁判所の判事として、名古屋の裁判所に勤務していることが分かった。六郎はまた仇が遠くなったような気がした。名古屋に飛んでいきたかったが、養父からもらった金も乏しく、叔父に頼むこともできなかった。それどころか苦しい叔父の暮らしを知って、叔父の家を出ることを考えていた。

六郎は、四谷仲町にあった山岡鉄舟の春風館道場に住み込みの書生に雇ってもらおうと思いついた。さっそく叔父に申し出、同道してもらって山岡に申し込んだところ、山岡は六郎を見て思うところがあったのか入門を許してくれた。住み込みの六郎は翌日朝早くから、道場の拭き掃除、庭や門前の掃除など労を惜しまず働き、また勉学にも剣術修業にも水を得た魚のように喜んで励み、山岡も心に

司法省

早川勇

秘めたものがあると推察していたが、温かく見守った。

十二月四日、秋月の乱の首謀者として今村百八郎、益田静方が除族され、斬首刑にあったことを新聞で知って、仇の一味がまた天罰を受けたことに感謝した。

年が明けた明治十年（一八七七）二月、鹿児島で西郷隆盛が蜂起した。

世にいう西南戦争の勃発だが、実態は一万五千余の兵を率いながら、県境を越えたところで熊本城さえ落とせず、県領も抜けずに敗退した無様《ぶざま》な蜂起だった。

西南戦争の余震は翌年にあり、政府の重鎮大久保利通が暗殺に倒れた。しかし、これで維新の激動がようやく納まったのは事実だった。

世の中を揺るがした大事件も六郎の怨念を和らげることはなかった。六郎は敵の居場所を探るのに日夜を費やしていた。上京している旧秋月藩士を訪ねてはさりげなく一瀬直久の居場所を探った。一瀬は上京組のなかでは一番の出世組で、上京組で話題になることが多く、六郎が話題にしても、出世にあやかろうとしているのだろうというくらいに思われて怪しまれることはなかった。

このなかで、一瀬が愛知裁判所勤務から静岡裁判所甲府支所長に転任していることを知って小躍りした。甲府は東京から三六里で、急げば三日ほどの道のりである。しかし、いまは宮内大丞山岡鉄舟の書生である。

山岡の身分を考えても、山岡に迷惑をかけることはできなかった。

それでもはやる気持ちを抑えられなかった六郎は、剣術の稽古で胸を痛めたと

山岡鉄舟

甲府の市街

仮病を使い、武州の鶴の湯温泉に療養に出たいと申し出て許された。

ところが甲府まで来て裁判所を見張ったものの、一瀬を見ることはなかった。

一瀬を確認できないまま三カ月になると路銀が乏しくなり、何の成果も得られぬまま六郎は東京へ戻ったが、もう山岡の元へは戻れないと思った。

明治十三年、秋月を出て四年、二十三歳になった六郎は一瀬の確たる消息もつかめず、日々新しくなる東京で、これでよいのだろうかと迷う日もあったが、その度に短刀を取り出し、父や母の無念を思い、気持ちを新たにした。

辛苦十三年の本懐

明治十三年（一八八〇）も暮れようとする十一月半ば、六郎は旧秋月藩士手塚祐の家を訪ねた。すると手塚から一瀬が甲府支所長から東京上等裁判所に転じ、本芝三丁目に住んでいることを知らされた。

翌日から一瀬の屋敷に赴き見張ったが、今度もなかなか姿を見ることができなかった。むなしさが増すなかで六郎は、一瀬が勤務先以外に顔を出すのはどこだろうかと思案した。そして旧藩主黒田長徳の屋敷を思いついた。長徳の屋敷は京橋区三十間堀三丁目にあり、長徳の家扶鵜沼不見人《ふみと》は六郎の伯母の長女わかの夫だった。

芝増上寺山門前

十二月十七日、一瀬の情報を探ろうとして鵜沼の家を訪れた。懐には一瀬と遭遇した場合、すぐ仇討ができるように短刀を忍ばせていた。鵜沼は留守だったが待たせてもらうことにして、二階に上がった。二階は郷士の藩士が集まる場所になっているらしく、いくつかの火鉢と机があった。そのうち鵜沼が戻り、六郎は無沙汰を詫びて、近況を報告したが、幸い鵜沼は亘理暗殺の事件のかなり後にわかと結婚していて、事件のことはあまり知らず、六郎も心安く話せた。そのとき階段を上ってくる足音がして、誰か客があるらしかった。まもなく障子が開いて、顔をのぞかせた客を見て六郎は凍りついた。客は一瀬だった。六郎は鵜沼に気配を覚られぬように顔を伏せた。

そして歯をぎりぎりとかみしめた。この四年、一瀬を追って辛酸してきたのはこの日のためにあったのである。胸の短刀に手をのばしたとき、階段の足音がして、二人の旧秋月藩士が入ってきた。白石真忠《まただ》と原田種中《たねなか》だったが、六郎を見ても知らないらしく、会釈して一瀬の方へ行った。仇討の最高の機会だったが、しかし、この場ではできなかった。いま飛び出せば、鵜沼はもちろん白石や原田がさえぎり、本懐を遂げることはむつかしい。一瞬、絶望感に覆われたとき、一瀬が、郵便を出すのを忘れていた、階下に行って下男に頼んでくるといって腰を上げた。一緒にいた二人が「私が出してきましょう」と先輩の一瀬に言ったが、一瀬は笑顔で制して、階下へ降りて行った。

明治の三十間堀空撮。手前新橋駅

六郎はすぐ飛び出したかったが、白石らに不審に思われてはと焦る心を抑え、鵜沼に厠の場所を聞いて、階下と知ると「失礼」とことわって、部屋を出、一瀬を追った。階段の下に小部屋があり、屏風があったので、その陰に隠れた。

下男に郵便を出すように言いつける一瀬の声がした後、一瀬が戻ってきて階段に足を掛けたとき、六郎が短刀を手に「父の仇」と低い声で叫んだ。

短刀を構えた六郎を見ると一瀬はひるみ逃げようとしたが、六郎が襟をつかんで短刀を突き立てた。しかし、短刀は襟巻にあたって滑った。一瀬は振り返って「なーにこしゃくな」と、つかみかかってきたが、六郎はその胸を一《ひと》突きし、さらに「父の仇、思い知れっ」と一突きした。

一瀬は「乱暴、乱暴」と叫んで、六郎に尚もつかみかかろうとするところを六郎はそののどを狙って短刀を突き刺し、倒れた一瀬に馬乗りになって、とどめを刺した。一瀬が絶命したことを知って立ち上がった六郎に、異変を知った鵜沼らが二階から顔を出して「六郎、何をしたのか」と声をかけたので、六郎は返り血を浴びた壮絶なさまだったが、落ち着いた態度で鵜沼に「父の仇をいま討ったが、御家《おいえ》を血で汚してまことに申し訳ない」と詫びを言って、それから外に出て、通りかかった人力車を呼び止め「近くの警察署まで」と言った。

六郎の仇討の報は「美挙」として新聞の紙面を占め、秋月には叔父の上野四郎兵衛からすぐ知らされた。養父も祖父の儀左衛門も六郎を心配していたものの、

仇討に使用した短刀

六郎仇討

仇討を知るとその喜びはこの上なかった。儀左衛門などは、喜びのあまり走り出し、隣家との垣根を押し倒して、隣の白石杢右衛門に朗報を伝えたほどだった。

きょうという　今日は雲霧はれ尽くし　富士の高嶺を見る心地なり

儀左衛門が孫の義挙を詠んだ歌は喜びがあふれている。

仇討は、藩政時代は美挙だったが、明治六年四月二日、仇討禁止令が発布され、この十三年には殺人罪とされていた。しかし、仇討禁止令は一般には知られていなかったため、十二月二十四日、事件が広く新聞に報道されると、六郎の仇討は美挙とされた。しかも、この数年相次いだ政府に対する各地での士族の反乱や西南戦争の余波で世相は政府に厳しく、幕政時代の政治を称賛する声も高くなっていて裁判所も判断に苦しんだ。

明治十四年九月二十二日、判決が下された。

言渡書

福岡県筑前国夜須郡野鳥村四七八番地　士族

臼井　慕　長男　臼井六郎

右科改定律例第二三二条に依り、謀殺を以て論し、士族たるに付改正閏刑律に照し、自首すと雖《いえど》も首免を与ふるの限にあらざるにより、禁獄終身申し付ける

明治十四年九月二十二日　　東京裁判所

司法省

仇討に至る前文を略したが、こうして六郎は石川島の懲役場に投獄された。

一方、取り調べのなかで六郎が山岡鉄舟の門弟であったことがわかり、鉄舟は驚いたが、六郎をかわいがっていた夫人の英子は、度々、六郎に衣服や食物を差し入れた。また、鉄舟の友人勝海舟は、邸に出入りしていた六郎を思い、鉄舟に書簡を送り、鉄舟からこの書簡を見せられた上野四郎兵衛は書簡をいただけないかと懇願したが、鉄舟は勝に迷惑をかけるからと許さず、上野は書き取った。

「御門下生臼井六郎が復讐を行ったことは、貴下もさぞや驚かれたことでしょう。しかし、六郎は、かつて父母ともに惨殺されたことを嘆き、臥薪嘗胆《がしんしょうたん》、ほとんど十三年間艱楚《かんそ》を嘗め尽くし、終に国法を犯し、一命を抛《なげう》って、その復讐を遂げしは天の誠の道理なり、実に哀憐すべきことである。その点においてもいやしくも血気の男児は、その同情を寄せざるを得ない。人情浮薄に流れ、かつ、青年書生などが志気の腐敗を匡済《きょうさい》★するの道においては、彼六郎が挙動もあるいはこれを医療する劇薬であろうと思われる」とある。

六郎は模範囚として過ごし、明治二十二年二月、大日本帝国憲法発布の特赦を受け、二十四年九月二十二日、三十四歳で釈放された。

出所の日、叔父の上野のほかに書生がいた。書生は鉄舟夫人の意で、今夕、本郷根津の神泉亭で、六郎の慰労会を行うのでお迎えに参りましたといった。

慰労会には鉄舟夫人、自由民権指導者の大井憲太郎、星亨《とおる》、貴族院議員原田

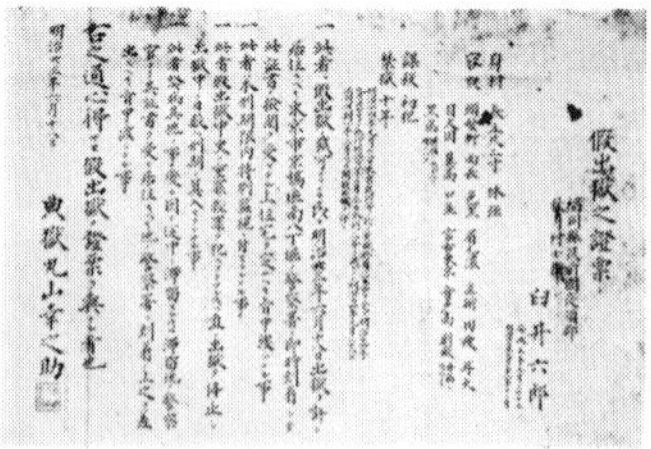

六郎の仮出獄書

山岡夫人英子

▼匡済
悪を正し、乱れを救う。

一道、剣術家の伊庭想太郎や大学教授などのそうそうたる顔ぶれで、六郎を驚かせた。六郎は服役中に亡くなっていた鉄舟を偲んで瞑目した。

秋月では六郎の仇討が伝えられると、それまでとは打って変わり一瀬や萩谷を見る目が冷たくなった。一瀬の父亀右衛門は六郎が石川島の獄につながれたことを知ると自殺した。六郎が母の仇と狙った萩谷伝之進は、無抵抗な女性を手掛けたことで非難されていたが、六郎が仇討したことを知ると精神に異常をきたし「六郎が来る、六郎が来る」と叫びながら狂死した。

六郎は一《ひと》段落したものの、目的を達した後の虚脱感に襲われ、無為に過ごす日が多くなった。明治三十七年秋、急に妹のつゆに会いたくなり、九州へ行った。

つゆも両親を失い苦労したが、秋月藩士小林利愛に嫁ぎ、門司に住んでいた。夫の小林は運送店を経営していて、つゆも幸福そうだった。六郎は小林の世話で門司駅前に「薄雪饅頭」を開き、四十八歳の六郎は加藤ゐえ二十八歳と結婚した。二年後、鳥栖の八角（父の姉の幾子の夫）の誘いで鳥栖駅前に移り住み、待合所の経営を託された。鳥栖駅は鹿児島本線と長崎線を結ぶ大きい駅で待合所は繁盛した。二人に子がなく、叔父の上野四郎兵衛に請い、叔父の二男正博を養子にした。正博は鳥栖から汽車で隣町の久留米商業学校に通った。ちなみに、正博の一年先輩にブリヂストン創業者の石橋正二郎、政治家の石井光次郎がいた。

大正六年（一九一七）九月四日、病に仆れた六郎はふる里秋月の古心寺にある

仮出獄写真（左から３人目）

晩年の臼井六郎

両親の墓の傍らに葬られた。享年六十歳だった。艱難辛苦して仇を討ってくれた六郎を亡き両親は温かく迎えてくれたことだろう。

藩政時代、仇討は美風で、人としての当然の行為とされ、武士だけでなく、農町民も行った。その美風が殺人とされ処罰されるようになったのは、江戸時代には数少なかった仇討が幕末から明治初期に頻繁に起こったからだった。

尊皇攘夷という名目のもとに尊攘派による開国派の要人暗殺は、殺された側からすれば仇討の対象で、暗殺犯がはっきりしている以上は仇討をしなければ武士の面目がたたなかった。そのため個人の仇討だけでなく、暗殺団を討ち取る大規模な仇討が諸藩で多く起こった。暗殺に関係した者が多い明治政府の要人にとって、これは由々しき問題だった。そこで彼らはわが身を守るためにも、法治国家を掲げ、仇討は野蛮な風習と指弾し、殺人罪として罰することにしたのである。

これも秋月

古処山城と中世の山城

秋月と古処山

古処山城《こしょざんじょう》は難攻不落の城として知られていた。山城は、山頂から南側の経ケ峰にいたる南北六〇〇メートルに及ぶ大規模な城で、いくつもつくられた曲輪の周りには畝状空堀が残り要害だったことを偲ばせているが、この城は標高八五九・五メートルの峻険な岩山の山頂なのである。ただ中腹に「水舟」と呼ばれる一昼夜に一〇〇〇人の兵ののどを潤したという水場があり、これが籠城も耐えさせた。

「このように中世の城に山城が多かったのは、この頃の城は防御性が第一だったためにある。この時代の主要な武器である弓矢など、上に向かって放った矢は数メートルで引力によって落下する。反対に射下した弓は下に行くほど速さが加わり威力が増す。これはのちに鉄砲が出現しても、上に放つ鉄砲は威力がなかった。

そのため上からの攻撃は石を投げつけても殺傷力があった」(『福岡県の名城』)。

実際、戦国時代の戦闘には石投げが武器として多かった。島原の乱で籠城した一揆側の主力の武器は石投げで、攻め手の幕府側は甚大な被害をこうむった。

平城でも高さが重要で、三の丸、二の丸、本丸と高さをあげ、防御を堅固にした。赤坂山を削ってつくった福岡城などそれぞれの丸の敷地が四段になっていた。

古処山図

エピローグ

明治の発展に尽くした多田家

維新の影響は士族だけでなく、商人にも多大な影響をおよぼした。

秋月・朝倉の経済の中心地甘木町には佐野弥平、弟の三右衛門、具島又二郎、藤井重平、藤井宗兵衛、上野嘉平、上野杢次、上野久次、矢野久平、藤井喜三郎、藤村長右衛門など、筑前をリードする豪商がいた。なかでも福岡藩の御用商人佐野屋は大阪まで名が知れた豪商で、明治十年（一八七七）、旧福岡藩大老だった三奈木黒田の黒田一雄の呼びかけで、第十七国立銀行創立のさいは、博多の豪商や資産家を抑え、弟の三右衛門、養子佐平をあわせ資本金総額の二五パーセント、二万五三〇〇円を出資していた。しかし、佐野屋の事業は新しい明治の波に乗れず、十四、五年頃から事業が不振となり、明治二十年発行の「福岡県内豪家一覧」にはようやく一門の名が下段にあるほどに凋落していった。

維新の波にのみ込まれ没落する豪商や豪農があれば、維新の波に乗って躍り出る者もあった。新しい時代の波をいち早くとらえ成功したのが旧秋月領當所村の多田勇だった。

明治二十二年、朝倉地方では洪水、流行病《はやりやまい》、不作が重なり、生活に困窮する者があい

多田勇（『多田家』）

ついだ。甘木町の豪商たちはその救済に「救恤《きゅうじゅつ》備金（義援金）」（『甘木市史』）をもうけ、救助米や安売り米の経費を引いた残金を預金して利殖し、将来の災害に備えることにした。

その金は具島又二郎、藤井九兵衛、高山元右衛門、上野杢次、藤井喜三郎、藤井宗兵衛、佐野東太郎が預かって運用することになった。このメンバーは明治三十二年、甘木貯蓄銀行を設立、のちに甘木銀行に発展させたが、頭取に選ばれたのは酒造家の多田勇だった。多田は九州酒造組抗運動委員として、全国酒造家を代表して政府との団交にあたるなど、その手腕と人物が見込まれたものだった。勇は明治三十八年には朝倉軌道株式会社を発足させ、四十一年には国鉄二日市駅から甘木間の旅客輸送を開始するなど新たな事業に乗り出している。事業をさらに飛躍させたのが息子の勇雄《いさお》だった。朝倉軌道第四代社長となった勇雄は路線を甘木から杷木《はき》まで延伸、新町から上田代（佐賀県基山）の新路線を建設して沿線の発展に貢献した。鉄道と併行して新時代の交通機関となるバス事業にも乗り出した。依井新町の本社を中心に、二日市・福岡、甘木・原鶴温泉・杷木・日田までのバス路線を設けた。また、金融面から地域産業発展育成のために三輪金融株式会社を設立、さらに資力を充実させるために彌壽《やす》銀行（筑邦銀行）を創立した。

多田家は多田満仲の一党で、黒田藩慶長検地にあらわれる多田善九郎を祖にし、寛政三年（一七九一）、八代吉次の五男七三が當所村に分家して初代となり、現在に至っている。

幕末に建てられたという日田街道沿いの多田家は国登録有形文化財に指定されている。

甘木橋を渡る朝倉軌道

朝倉軌道バス事業

あとがき

いつも思うことだが、地方史を書くには小説以上のエネルギーと覚悟がいる。

それは歴史的事実と通史の乖離に裏切られることが多いからである。

わたしは『キリシタン武将黒田官兵衛』を上梓したが、官兵衛は三十二歳のとき、有岡城に幽閉され、身体不自由になったのだが、特製の輿と船で、領地の九州中津と京阪を絶えず行き来し、中央政治の情報に機敏だった。

情報とそこから発する革新こそが乱世を生き抜く最大の武器としていた。

わたしのイメージでは「進取の士風」が黒田武士だったのだが、幕末では本藩を含め超とつくほど守旧的で、開国にしろ、攘夷にしろ、とにかく変革を嫌い、伝統的な古法に固執する士風に変じていたことに驚いた。

秋月についての歴史資料は市町村史のほかに地元の方が書かれた著書が多い。

しかし、三浦末男氏の『物語秋月史』、川上水舟氏の『秋月党』、田尻八郎の『秋月党遺聞』をはじめ「わが郷土」「わが秋月」など思いが強く、戸惑うものがあった。

そこで秋月党の乱は『豊津町史』と当時の福岡県の「秋月騒擾記事」を基にした。

こうして資料に基づき実地調査をやるのだが、そのなかで偶然出会った嘉麻市役所の中村文雄さんには車で先導いただくなど大変お世話になった。

嘉麻市馬見の縄田顕一さんには黒田二十四騎の一人、林掃部直利の子孫の林博顕さんを紹介いただいた。林家は代々林流砲術の師範で、受け継がれてきた家伝の資料をご提供いただいた。また秋月の田尻宰さんには郷土史家田尻八郎先生が蒐集された貴重な資料や新たに探していただいた資料をご提供いただいた。古心寺の渡辺桂堂ご住職には貴重な黒田長興、黒田長韶の肖像画をご提供いただいた。當所の多田安子さんには多田家に伝わる写真などの資料について快くご提供いただいた。合わせて紙上を借りて感謝を申し上げたい。

さて秋月藩は洋式兵制に伴う蘭学や欧米文化に一度も触れることがなかった。

幕府の開国に伴い開明近代化へ改革に積極的な家老を暗殺し、維新政府の改革命令も拒否して、古法に固執し、明治九年、「秋月党の乱」で壊滅するまで、三百年前の亡霊のままに終わった。その後の秋月は、近代化を急ぎ、変貌する明治に置き捨てられ歴史のなかに埋没していった。秋月に残ったのは歴史の遺構であり、残滓でしかなかったが、それがために江戸時代の町並みや風景が残って、いまでは江戸情緒を懐かしむ年間八〇万人余の観光客が訪れにぎわっている。歴史の輪廻はまことに深く、また興味深い。

二〇一六年六月

林　洋海

参考及び引用文献

宇都宮泰長『維新の礎』鵬和出版　一九七八
江島茂逸『秋月藩用役臼井亘理遭難遺蹟』渡辺耕鋤　一九〇七
H・ヌースリク『秋月のキリシタン』教文館　二〇〇〇
小野重喜『栗山大膳・黒田騒動その後』花乱社　二〇一四
貝原益軒『黒田家譜（復刻）歴史図書社』一九八〇
貝原益軒『筑前続風土記』（復刻）文献堂出版　一九八五
川上水舟『秋月党』亀陽文庫　一九二五
川添昭二『嘉穂地方史』表現社　一九六八
熊本正熙『吾国の種痘と緒方春朔』葦書房　一九七七
古賀益城『朝倉風土記』聚海書林　一九七四
田代政栄『秋月史考』秋月史考刊行会　一九五一
田代量美『秋月を往く』西日本新聞社　二〇〇一
田尻八郎『秋月党遺聞』郷土文学社　一九六一
田尻八郎『秋月党悲歌』田尻八郎　一九六三
田尻八郎『筑前秋月のこころ』創言社　一九七〇
多田安子『多田家写真集』図書出版のぶ工房　二〇一二
富田英寿『種痘の祖緒方春朔』西日本新聞　二〇〇五
中川柿園『明治懐石』鵬和出版　一九八一
中村浩理『肥筑豊州志』福岡県文化財資料集刊行委員会　一九七一
林洋海『シリーズ藩物語　福岡藩』現代書館　二〇一五
三浦末雄『物語秋月史』（上中下・幕末）秋月郷土館　一九六八
三浦末雄『物語秋月史抄本』（財）秋月郷土館　二〇〇一
宮崎克己『九州の一揆打ちこわし』海鳥社　二〇〇九
安川巌『物語福岡藩史』文献出版　一九九〇
弥常義徳『碓井町誌』西好明　一九八二
山口祐造『秋月目鏡橋物語』（財）秋月郷土館　一九七九
渡辺清編集『秋月騒擾記事』福岡県　一八七六
秋月郷土館『秋月藩お抱絵師斎藤秋圃』（財）秋月郷土館　一九八五
秋月郷土館『秋月郷土館名品選』（財）秋月郷土館　一九九四
甘木市『民俗資料緊急調査報告書・江川』甘木市教育委員会　一九六九
甘木市教育委員会『秋月』甘木市教育委員会　一九八〇
甘木市史編纂員会『甘木市史』甘木市・上下　一九八二
飯塚市誌編さん委員会『飯塚市誌』飯塚市　一九七五
大任町誌編纂委員会『大任町誌』大任町　一九七〇
嘉穂町誌編纂員会『嘉穂町誌』嘉穂町教育委員会　一九八三
嘉穂地方史編纂委員会『嘉穂地方史』嘉穂地方史編纂員会　一九七九
添田町史編纂委員会『添田町史』添田町　一九九二
田川市史編纂委員会『田川市史』田川市　一九七六
豊津町史編纂委員会『豊津町史』豊津町　一九八〇
福岡県『福岡県史資料・第四輯』福岡県　一九三五
宝珠山村史刊行委員会『宝珠山村史』東峰村　二〇一〇
三輪町史編纂員会『三輪町史』三輪町史刊行委員会　二〇〇三
夜須町史編纂員会『夜須町史』夜須町　一九九一

林洋海（はやし・ひろみ）
一九四二年、福岡県生まれ、久留米商業高校卒、トッパンアイデアセンターを経てＡＧＩＯデザイン主宰。二十代より世界を回り、中国・韓国・台湾にデザイン関係の友人多数。
六十歳から北海道から沖縄まで毎年訪れ、定点観測を行う。東北被災地は二〇一二年から毎年視察する。福岡アジアデザイン交流協会会長、星亮一戊辰戦争研究会顧問、ＪＡＧＤＡ会員。著書『ブリヂストン石橋正二郎伝』『十二歳の戊辰戦争』『〈三越〉をつくったサムライ日比翁助』『東芝の祖からくり儀右衛門』『キリシタン武将　黒田官兵衛』シリーズ藩物語『久留米藩』『福岡藩』以上、現代書館。『医傑凌雲』三修社、『新島八重』上毛新聞社。
シリーズ藩《はん》物語《ものがたり》 **秋月藩《あきづきはん》**
二〇一六年七月十日　第一版第一刷発行
著者———林洋海
発行者———菊地泰博
発行所———株式会社 現代書館
東京都千代田区飯田橋三―二―五　郵便番号 102-0072　http://www.gendaishokan.co.jp/
電話 03-3221-1321　FAX 03-3262-5906　振替 00120-3-83725
組版———デザイン・編集室 エディット
装丁———中山銀士＋杉山健慈
印刷———平河工業社（本文）東光印刷所（カバー・表紙・見返し・帯）
製本———越後堂製本
編集———二又和仁
編集協力———黒澤　務

 ISBN978-4-7684-7141-8

江戸末期の各藩

松前、八戸、七戸、黒石、**弘前**、**盛岡**、**一関**、秋田、亀田、本荘、秋田新田、仙台、松山、**新庄**、**庄内**、天童、長瀞、**山形**、上山、**米沢**、米沢新田、相馬、福島、**二本松**、三春、**会津**、**守山**、棚倉、平、湯長谷、泉、**村上**、黒川、三日市、**新発田**、村松、三根山、与板、**長岡**、椎谷、**高田**、糸魚川、松岡、笠間、宍戸、**水戸**、下館、結城、**古河**、下妻、府中、土浦、麻生、谷田部、牛久、大田原、黒羽、烏山、喜連川、**宇都宮・高徳**、壬生、吹上、**足利**、佐野、関宿、高岡、佐倉、小見川、多古、一宮、生実、鶴牧、久留里、大多喜、請西、飯野、佐貫、勝山、館山、岩槻、忍、岡部、**川越**、沼田、前橋、伊勢崎、館林、高崎、吉井、小幡、安中、七日市、飯山、須坂、**松代**、**上田**、**小諸**、岩村田、田野口、**松本**、諏訪、**高遠**、飯田、金沢、荻野山中、小田原、沼津、小島、田中、掛川、**相良**、横須賀、浜松、富山、加賀、大聖寺、郡上、高富、苗木、岩村、加納、大垣、高須、今尾、犬山、挙母、岡崎、西大平、西尾、吉田、田原、大垣新田、尾張、**刈谷**、西端、長島、**桑名**、神戸、菰野、亀山、津、久居、鳥羽、宮川、彦根、大溝、山上、西大路、三上、膳所、水口、丸岡、勝山、大野、**福井**、鯖江、敦賀、小浜、淀、新宮、田辺、紀州、峯山、宮津、田辺、綾部、山家、園部、亀山、福知山、柳生、柳本、芝村、郡山、小泉、櫛羅、高取、高槻、麻田、丹南、狭山、岸和田、伯太、豊岡、出石、柏原、篠山、尼崎、三田、三草、明石、小野、姫路、林田、安志、龍野、山崎、三日月、赤穂、鳥取、若桜、鹿野、津山、勝山、新見、岡山、庭瀬、足守、岡田、岡山新田、浅尾、松山、鴨方、福山、広島、広島新田、高松、丸亀、多度津、西条、小松、今治、松山、**大洲・新谷**、**伊予吉田**、**宇和島**、徳島、**土佐**、土佐新田、**松江**、広瀬、母里、浜田、津和野、岩国、徳山、長州、長府、清末、小倉、小倉新田、**福岡**、**秋月**、**久留米**、柳河、三池、蓮池、唐津、**佐賀**、小城、鹿島、大村、島原、平戸、平戸新田、**中津**、杵築、日出、**府内**、臼杵、**佐伯**、森、**岡**、熊本、熊本新田、宇土、人吉、延岡、高鍋、佐土原、飫肥、薩摩、対馬、五島（各藩名は版籍奉還時を基準とし、藩主家名ではなく、地名で統一した）

★太字は既刊

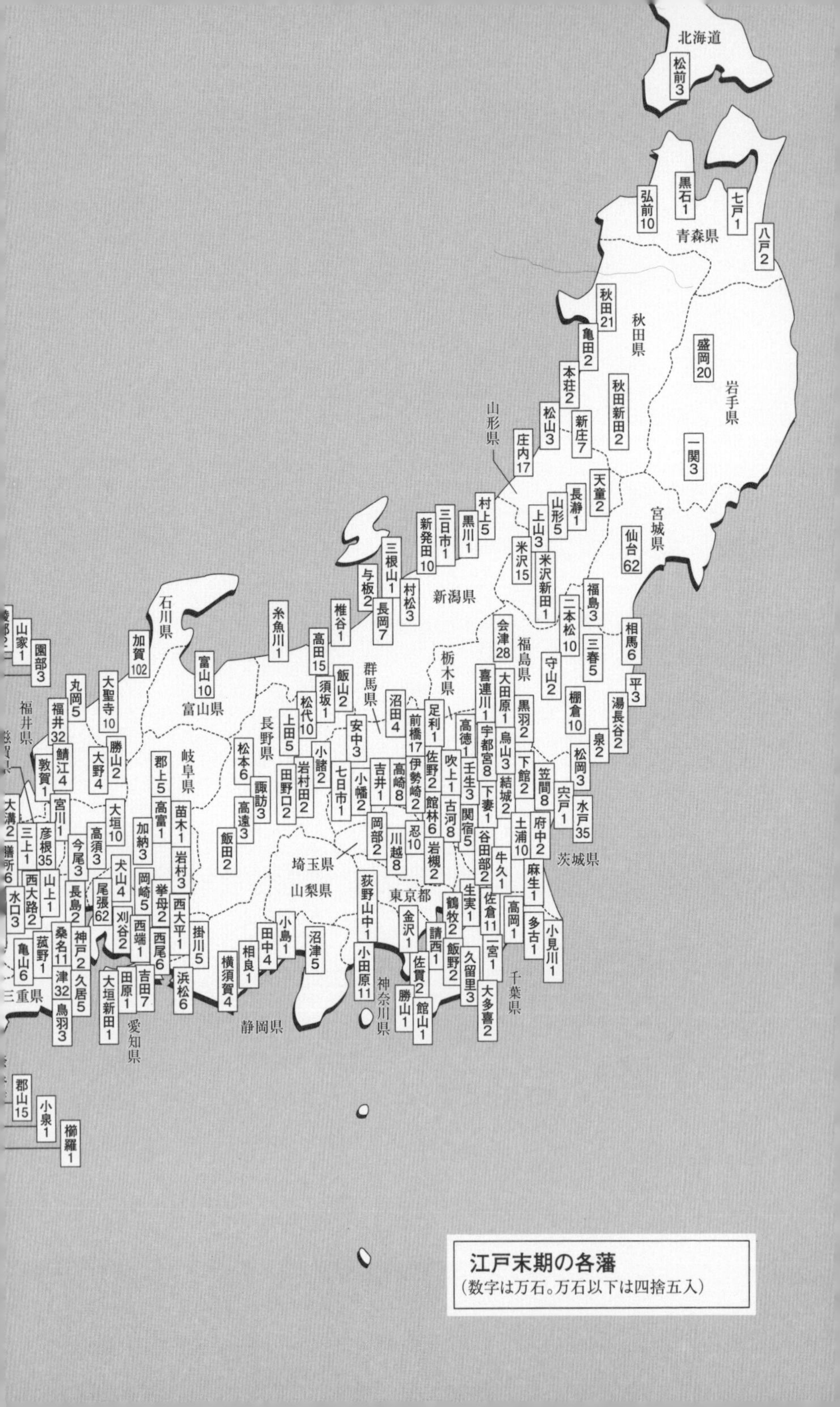

江戸末期の各藩
（数字は万石。万石以下は四捨五入）